Felicitas Schreiner • Im Alentejo

Felicitas Schreiner

Im Alentejo

und andere Geschichten aus Portugal

FRIELING

Die Deutsche Bibliothek – CIP-Einheitsaufnahme
Schreiner, Felicitas:
Im Alentejo : und andere Geschichten aus Portugal /
Felicitas Schreiner. –
Orig.-Ausg., 1. Aufl. – Berlin : Frieling, 1998
ISBN 3-8280-0489-X

Hünefeldzeile 18, D-12247 Berlin-Steglitz
Telefon: 0 30 / 7 74 20 11

ISBN 3-8280-0489-X
1. Auflage 1998
Titelgestaltung: Graphiti

Printed in Germany

Eine Reise nach Portugal

Eigentlich soll es nur möglichst weit weg sein, das Land, in das ich reisen möchte. Am besten mit viel Sonne. Schon noch in Europa. Griechenland oder Portugal. In Griechenland war ich schon mal. Das könnte ein Vorteil sein. Ich weiß so ungefähr, was mich erwartet. Mit Sicherheit kyrillische Buchstaben. Die sich lernen lassen. Aber zu der gesprochenen Sprache habe ich nie Zugang gefunden. Im Land nicht und im Volkshochschulkurs erst recht nicht. In Griechenland habe ich damals den besten Joghurt ausfindig gemacht, der sich schmecken läßt. Ob es den noch gibt? Und die Restaurants, wo man köstlichen Reis, Paprikagemüse und Fleisch serviert, Schaf oder Ziege, immer lau, oft kurz vor der Erkaltung stehend? Und überall gab es Soldaten. Soldaten über Soldaten. Und Lautsprecher. Allenthalben – auch in noch so entlegenen Dörfern. Deren Klang hat sich als unvergeßliches, übersteuertes, schnarrendes Männergebell in meiner Erinnerung festgesetzt. Aber auch damit ist es ja wohl vorbei.

Meine unaufhörlich am Verunglücken vorbeischrappende Liebe wird nicht dort sein. Mich nicht vom allabendlichen „Where do you come from?“ der Straßenkneipen in einsame Buchten locken wollen. Diesmal muß ich nicht ihre Entdekkungen teilen und hoffen, daß sie auch in dieser Nacht ihre Hände in ihrem Schlafsack bei sich behält. Nicht mal ein Kärtchen brauche ich ihr zu schreiben. Sie hat es zu was gebracht inzwischen. Zu Mann, Kindern, Karriere und sozialem Engagement. Und ich nicht mal zu ihrer Anschrift.

In Griechenland habe ich die Adresse von einem, der dorthin ausgewandert ist. Soll ein netter Typ sein. Gut drauf. Ich habe gehört, daß er ganz einsam wohnt, versucht, Landwirtschaft zu machen. Ob er sich zurückgezogen hat, um von meinesgleichen besucht zu werden? Gehört er zu der Sorte Mensch, die es zu schätzen weiß, wenn entfernte Bekannte von entfernten Bekannten sie im Notfall behelligen? Hat er Spaß daran, nach einem Unfall notwendigste Übersetzungsarbeit zu leisten, deutschsprachige Kranke in Kliniken zu besuchen, weil die ohne ihn sprachlich aufgeschmissen wären? Oder macht es ihm Freude, wenn er einer Landsmännin dabei helfen kann, bei der Polizei den Verlust wichtiger Dokumente zu Protokoll zu geben? Vermutlich eher kaum.

Also Portugal. Weit weg. Sonne und Meer. Vertraute Buchstaben. Unberührt von lästigen Erinnerungen. Kontaktadressenfrei.

Jetzt stellt sich natürlich die Frage: wie will ich unterwegs sein? Ich könnte mit dem Flugzeug anreisen und dann im Land selber sehen, wie ich weiterkomme. Ich könnte auch mit der Bahn reisen. Oder mit dem Auto.

Das Flugzeug kommt schon mal nicht in Frage, nicht für mich. Dazu, eine Flugreise zu unternehmen, die dann auch eine Reise ist, bin ich nicht imstande. Wann immer ich es versucht habe, wurde ein Trip daraus. Von einem solchen Trip komme ich erfahrungsgemäß erst dann herunter, wenn ich mich wieder auf einem mehr oder weniger heimatlichen Flughafen befinde. Dann erst erreiche ich mein Reiseziel. Alles dazwischen ist Droge, bestenfalls eine Art Bewußtseinserweiterung durch im Konjunktivischen verbleibendes Unterwegssein. Immer nur als ob. Hotels, Pensionen, Zeltplätze, Discos, Sand, Meer. Eine Bootsfahrt würde sich zu einem gerade noch mal gutgehenden Abenteuer entwickeln. Kilometerlang würde ich am Strand entlanglaufen. Interessante Leute in einem Café treffen. Sonnenuntergänge genießen. Vielleicht ausnahmsweise sogar ein paar Sehenswürdigkeiten betrachten. Würde ein Festival besuchen. Zu mir selbst würde nichts von alledem vordringen, erleben könnte ich es nicht.

All das läßt sich vermeiden, wenn ich mit der Bahn fahre. Mit dem Gedanken kann ich mich anfreunden.

Um die Zugverbindungen zu erfragen, habe ich mir reichlich Zeit genommen – und das ist gut so. Die gewünschten Informationen zu erhalten, beansprucht einen halben Vormittag. Zunächst einmal wecke ich mit meinem Vorhaben das Mißtrauen des befragten Schalterbeamten. „Was möchten Sie?“ – „Ich möchte mit der Bahn nach Portugal fahren.“ – „Mit der Bahn? Nach Portugal? Na, wie Sie meinen. Das ist aber eigentlich doch mehr was für Interrail-Reisende oder für so portugiesische Gastarbeiter. Außerdem sind Sie hier am falschen Schalter. Gehen Sie mal rüber zum Kollegen von der Auslandsauskunft.“

Der von seinem Kollegen für zuständig erklärte Beamte erweist sich seinerseits als reichlich inkompetent. Also französische, spanische oder portugiesische Fahrpläne, die könne er nicht lesen. Daraufhin bitte ich ihn erstmal um Einsicht in seine Landkarte. Sofort breitet er eines von diesen großen, übersichtlichen Exemplaren aus, die mein Reisefieber immer steigen lassen. Nachdem wir uns darauf orientiert haben, rückt der Beamte die entsprechenden Kursbücher heraus.

Guarda 9.12, Coimbra 11.58, Lisboa 14.23. Als klar wird, daß ich mit diesen Informationen durchaus etwas anzufangen weiß, ernte ich beeindruckte Blicke. Noch eine ganze Weile frage ich mich, ob die gespielt sind oder echt. Entweder ist der Mann dumm oder faul, oder er hat sich einen Spaß mit mir erlaubt. Ich glaube, es gelingt mir, mir meine Verunsicherung nicht anmerken zu lassen. Immerhin könnte mir so etwas ja auch wirklich egal sein, ich problemlos darüberstehen. Pokergesichtig fasse ich zusammen: „Diesen Informationen nach werde ich also sechsmal umsteigen müssen und zwei Tage und zwei Nächte unterwegs sein." – „Das werden Sie." – „Na prima!" Gleich fallen mir trinkwasserknappe, essensarme Reisen in engstem Kontakt mit waschechten schwitzenden, schwatzenden Südländern ein. Indiskreter Verzehr von Knoblauch, Wein und fettigem Geflügel in nächster Nachbarschaft. Warten auf Bahnhöfen ohne mir verständliche Hinweistafeln. Es stimmt: Aus dem Interrailalter bin ich raus. Außerdem kenne ich diese Art des Unterwegsseins schon.

Ich habe mich bei einer Mitfahrzentrale gemeldet. „Ja, ich fahre allein." Und ich nehme lieber Frauen, zur Not aber auch Männer mit. Am liebsten sind mir Mitfahrer mit Führerschein. Ich habe vor, gemütlich zu fahren. „Genaueres kann ich gegebenenfalls mit den Mitfahrern besprechen."

Meine Mitfahrerin möchte nach Salamanca.

Wir haben unsere Brote geteilt, abwechselnd Limos oder Kaffees gezahlt, uns während der Fahrt gegenseitig zu Bonbons, Äpfeln, Joghurts eingeladen und viel über das Liebes- und sonstige Leben der anderen erfahren. Edith aus Schweinfurth. Verliebt in und heimlich liiert mit einem verheirateten Sonderschullehrer. Drei ganz süße Kinder soll er haben. Edgar heißt er. Edith und Edgar. Vielleicht ist die ganze Geschichte auch erfunden. So wie meine mit Pierre. Den gibt es zwar; allerdings spielt er in meinem Leben nur die Rolle einer völlig belanglosen Hausflurbekanntschaft.

Der würde staunen, wenn er wüßte! – Zum Glück weiß er nicht.

Der innere Abschied von zu Hause zieht sich diesmal ungebührlich in die Länge. Warum fällt es mir ausgerechnet bei dieser langen Reise so schwer zu begreifen: Ich fahre in Urlaub? Nach all dem vielen Hin und Her bin ich schließlich ganz bewußt mit dem Auto unterwegs. Mein Portugalführer – schriftlich – und einige Bekannte, die es wissen müssen – mündlich – haben mir nahegelegt, bereits die Fahrt zum Ziel als Teil der gesamten Reise zu gestalten und nicht nur Portugal im Auge zu haben. Daß das eine sehr sinnvolle Art ist, an Reisen heranzugehen, sehe ich ein. Mich daran zu halten, finde ich trotzdem schwierig.

Wir befahren Landstraßen statt Autobahnen, picknicken an Wegrändern und stellen mit Kennerblick fest, daß der Mais im Süden schon viel weiter ist als zu Hause.

Spaniens endlose Weiten erscheinen uns einfach nur endlos. Endlos langweilig und öd.

Vielleicht fahren Leute wie ich besser nur nach Frankreich. Was will ich hier?

Edith ist ausgestiegen. Ich vermisse sie und bereue meine Lügen.

Ernsthaft und nachhaltig stelle ich mich nochmal vor die wegweisende Frage, was ich hier will. Hier und am Ziel. Bedauerlicherweise will die Autofahrt entgegen meinen Vorsätzen noch immer nicht so recht zu einem Teil dieser tagelangen Reise werden. Mir kommt sie abgetrennt vor, nicht im geringsten einzigartig, als ein notwendiges Übel auf meinem Weg nach Portugal. Noch ist nicht alles zu spät; noch bin ich nicht dort.

Ich werde die Route ändern, auch wenn das ein riesiger Umweg werden wird. Lohnt sich das wirklich? Ich nehme es jetzt von der philosophischen Seite. Bei einer echten Reise gibt es keine Um-, sondern nur verschiedene Wege. Einen weiteren Vorteil hat dieser Plan: Ich kann mich in aller Ruhe auf mein Zielland einstellen.

„Ich will das Land kennenlernen", habe ich vor meiner Reise vollmundig, lauthals und – wie ich nun finde – angeberisch verkündet. Kein einziges Mal ist das von irgend jemandem – und sei es noch so zaghaft – in Frage gestellt worden. Wieso haben meine Freunde das alle widerspruchslos geschluckt? Kein Mensch hat wissen wollen, wie ich mir das eigentlich vorstelle. Was ich darunter verstehe.

Kunst und Architektur interessieren mich allenfalls als Postkartenmotive. Ansprechende Abbildungen von Gemälden, Skulpturen oder Bauwerken eignen sich meiner Meinung nach hervorragend zur Verschickung und als Beweis des Da-auch-schon-gewesen-Seins.

Von herrlichen Felsen am Sandstrand habe ich gelesen, von Steilküsten. Die werde ich mir auf jeden Fall ansehen. Darauf, durch die versprochenen wunderbaren Landschaften zu fahren, vielleicht sogar zu wandern, freue ich mich. Und aufs Essengehen. Essengehen finde ich gut. Das ist angeblich preiswert in Portugal. Viel Fisch soll es geben; kein Wunder bei so viel Meer in der Nachbarschaft. Noch ein Tip von Freunden: nicht in die Touristenrestaurants gehen, sondern lieber in die ganz kleinen Tavernen, dahin, wo die Einheimischen essen und es nur zwei, drei Gerichte am Tag gibt.

All das zusammengenommen ist gut und schön und wird die Reise zum Urlaub machen. Aber: das Land kennenlernen zu wollen, das bedeutet doch wohl noch etwas anderes. Wenn ich das in der Tat vorhabe, muß ich Leute kennenlernen, am besten typische Portugiesen. Also auch: mir Vororte betrachten, Industriegebiete ansehen, mich um mehr als oberflächlichen Kontakt zu Fabrikarbeitern oder den Frauen, die in den Treibhäusern des Südens schuften, bemühen. Dazu müßte ich mich allerdings zumindest einigermaßen in der portugiesischen Sprache bewegen können. Wenn ich jetzt darüber nachdenke, wird mir klar, daß ich mir bisher vom „Kennenlernen der Einheimischen" einen ziemlich folkloristischen Begriff gemacht, mir darunter nur Kontakte zu bestimmten Bevölkerungsgruppen vorgestellt habe, zu Bergbauern, Fischern, allenfalls Zigeunern. Typisch ist womöglich nicht so sehr, ohne Strom und Busverbindung einsam auf einem Berg zu hausen und dem kargen Boden eine kärgliche Ernte abzuringen, sondern vielmehr: zehn Stunden am Tag arbeiten zu gehen, auf eine Tiefkühltruhe oder ein Auto zu sparen und abends fernzusehen.

Angesichts dieser Überlegungen verzichte ich lieber vorab auf das Kennenlernen von Portugal und beschränke mich darauf, dort einen Urlaub verbringen zu wollen. Sollte mir das gelingen, bin ich gut genug. Besser brauche ich nicht zu sein.

Mehr als 800 Kilometer Küste soll es in Portugal geben. Wenn ich ganz im Norden in das Land komme, kann ich die ganze Strecke nach Belieben abfahren. Galizien soll auch wunderschön sein. Galizien? Ist das nicht ein Gebiet in Osteuropa? Irgendwas mit Juden? Seltsam genug – es gibt also zwei Gebiete dieses Namens, das mit den Juden im Osten und eines nördlich von Portugal.

Stundenlang allein im Auto zu sitzen, ist vor allem langweilig. Zwar sehe ich alles Mögliche und finde die Landschaft schön, aber es bleiben keine Eindrücke haften. Um die zu bekommen, werde ich wohl zu Fuß unterwegs sein müssen.

Vor La Coruña habe ich mich in einem Hotel eingemietet und eine Tortilla gegessen, die ich zu Hause für eine Art zusammengedrängter öliger Bratkartoffeln mit Ei gehalten haben würde. Ich habe mich früh schlafen gelegt, aber einschlafen kann ich nicht. Autos rasen, Laster donnern. Keine Chance für Träume. Unten aus der Cafébar dringt lautes Klappern, Stimmengewirr, übertönt von einem überlaut gestellten Fernseher. Warum gebe ich hier mein Geld aus?

Andere Leute begegnen pünktlich zur Dämmerstunde in einem malerischen Fischerdorf einer gutherzigen Witwe. Die hat ein paar Zimmer zu vermieten, eins ist natürlich gerade frei. In einem der anderen wohnt dann in der Regel schon ein alleinstehendes Lebewesen, zum Beispiel Kunst studierend und aus Madrid, bereit für ein kleines einnächtliches Abenteuer. Um dem Eintreffen eines derartigen Ereignisses auch nur den Anschein des Wirklichkeitwerdensollens zu geben, hätte ich allerdings von der großen Durchgangsstraße abbiegen und mir die Chance geben müssen, ein solches Fischerdorf zu finden! Außerdem: ich bin auf dem Weg nach Portugal; Witwe, Pension, Fischerdorf und Abenteuer wären ein wenig zu früh gekommen.

Heute nehme ich mir viel Zeit. Ich betrachte bergige Landschaften, sehe jede Menge Heidekraut, außerdem kleine kräftiggelbe Blüten an struppigem Gesträuch. Es gibt zahlreiche, mir ziemlich wackelig vorkommende Trockenmauern, die aussehen, als dienten sie eher der Unterbringung von Feldsteinen als der Abgrenzung von Nachbarn.

Am Nachmittag unternehme ich den Versuch, spazierenzugehen. Was als breiter Wanderweg begonnen hat, geht nach drei bis vier Kilometern in einen Trampelpfad über, der sich nach einer weiteren knappen halben Stunde vollends im Gestrüpp verliert. Den Rückweg zu finden, gelingt mir erst, nachdem ich an zwei Gabelungen falsch abgebogen bin. Es geht mir hier wie überall: Abzweigungen vom Weg fallen mir fast immer erst beim Zurückgehen auf. Normalerweise gehe ich daraufhin anders, als ich glaube, gehen zu müssen, und meistens stimmt es dann. Diesmal nicht. Diesmal hätten Gefühl und Weg sofort zusammengepaßt.

Als ich die spanisch-portugiesische Grenze erreiche, dämmert es bereits. Überraschenderweise werde ich durchgewunken. Wie alle anderen auch. Dabei hätte ich eigentlich ganz gern noch einen weiteren Stempel in meinem Paß gehabt. Immer fluche ich, wenn ich an Grenzen kontrolliert werde, was regelmäßig der Fall ist. Daß ich mich mittlerweile offensichtlich erst nach einem solchen Ritual in einem anderen Land angekommen fühle, ist mir neu.

Ich wechsele Geld und lasse mich von den hohen Beträgen auf den Scheinen beeindrucken: 500, 1000 Escudos, einen ganzen Stapel bekomme ich. Und 2,5-Escudo-Münzen gibt es auch. Auf der Stelle beginne ich damit, mich mit der Umrechnung vertraut zu machen. Ich will keine von denen sein, die ihren ersten Kaffee im neuen Land mit einer Art Hundertmarkschein bezahlen und es dann am Ende nicht mal merken, wenn sie umgerechnet nur achtundsiebzig Mark zwanzig herausbekommen.

Zwischen Caminha und Viana do Castelo biege ich nach links ins Gebirge ab. Ich werde noch genug Meer zu sehen kriegen, und das Gebiet soll sich landschaftlich besonders lohnen. Morgen will ich es mir dann in Ruhe ansehen. Zuerst einmal aber geht es mir jedoch darum, irgendwo zu übernachten.

Das Unterfangen, irgendwo draußen einen Platz für die Nacht zu finden, erweist sich als schier nicht zu bewältigende Aufgabe. Wege, in die ich einfach einbiegen könnte, gibt es nicht; wenn sich ausnahmsweise doch mal einer findet, führt er zu einem Gehöft. Auf einer Seite der Straße geht es jeweils steil bergab und auf der anderen entsprechend bergauf, immer schön im Wechsel. Die Straßen sind kurvig und voller Schlaglöcher. Es ist nicht nur dunkel, es ist dunkelst – trotz der vielen funkelnden Sterne. Neumond.

Schreckliche Geschichten fallen mir ein von Autopannen in südlichen Ländern; von analphabetischen Polizisten, die dann irgend etwas aufgeschrieben haben wollen – und dann wird das Auto konfisziert. Genau so. Oder ganz ähnlich. Jedenfalls sind es Geschichten voller Unannehmlichkeiten und Ärger, der kein Ende nimmt. Wieder in Deutschland, rennen einem Versicherungsagenten die Bude ein, lange noch, nachdem der mißglückte Urlaub vorbei ist. Irgendwann fragt man sich unweigerlich, ob es da mit rechten Dingen zugegangen ist, oder beginnt, sich schließlich schuldig zu fühlen.

Es wird höchste Zeit zu rasten – bevor mir noch irgendwelche Vergewaltigungs- und Ausraubegeschichten einfallen. Wenn ich mich einmal richtig in eine extreme Stimmung hineingesteigert habe, finde ich da nur schwer wieder heraus. Also: wo läßt es sich hier rasten? Auch in den nächsten Minuten bleibt die Antwort auf diese Frage immer gleich: nirgends. Ist es möglich, daß ich im Kreis fahre?

Die Ortsschilder sagen mir nichts. Irgend einen Rand, an den ich mal eben fahren könnte, um mich kurz auf der Karte zu orientieren, gibt es nicht. Außerdem habe ich keinerlei Anhaltspunkte mehr dafür, wo ich mich eigentlich befinde. Solche winzigen Käffer wie die, durch die ich vereinzelt fahre, sind nicht verzeichnet.

Im nächsten Ort werde ich in eine Pension gehen. Leicht gesagt. Ich fahre eine weitere halbe Stunde. Dreiviertel elf ist es inzwischen und alles wie ausgestorben. Sommer in Portugal. Was ist hier bloß mit dem vielgepriesenen südlichen Nachtleben los?

Schließlich finde ich einen Ort mit einem erleuchteten „Café Paris".

Im Café, das eher dem gleicht, was ich mir unter einer Bar vorstelle, stehen zwei kleine resopalbeschichtete Tische mit dazu passenden, bereits etwas angeschlagenen Stahlrohrstühlen. Die Wände sind bis auf halbe Höhe türkis gekachelt, der Raum von Neonröhren erhellt. Ein Fernseher läuft. Auf der Theke steht ein großer Teller mit – vermutlich hartgekochten – braunen Eiern. Unter einer Plastikhaube fristen ein paar ziemlich trocken aussehende Kuchen ein klägliches Dasein. Zwei Hunde liegen dösend auf dem Fußboden.

Erfreut werde ich von etwa zehn älteren bis steinalten Männern begrüßt, wovon etliche gleichzeitig, zum Teil heftig gestikulierend, auf mich einreden. Ich bestelle einen Kaffee. Das löst beim Wirt Bedauern, bei den anderen Gästen Heiterkeit aus. Hat das Wort vielleicht noch eine weitere, anstößige Doppelbedeutung? Klar wird nur: Kaffee gibt es nicht, dafür aber Wein, Bier, Schnaps, dazu feuchte gelbe Kerne, die ich angeboten bekomme und lieber nicht probiere. Entnervt frage ich auf Deutsch nach einer Pension. Staunen, eine erneute Heiterkeitswelle, Sätze, die klingen, als bestünden sie aus einem einzigen ellenlangen Wort, sind die Reaktion.

Der Wirt bedeutet mir zu warten und verschwindet. Na endlich! Womöglich bekomme ich demnächst die Wirtin zu Gesicht, mit der ich hoffentlich Französisch radebrechen kann. Vielleicht ergibt es sich dann, daß ich bei ihr im Wohnzimmer übernachte. Und morgen wird sie mich wahrscheinlich nur sehr ungern weiterfahren lassen, nicht ohne mich für das kommende Wochenende als Ehrengast zu einer Taufe eingeladen zu haben ... Meine Gedanken sind mir davonspaziert. Eine Taufe – hier? Die Teilnahme an einer Beerdigung dürfte wahrscheinlicher sein! Wie komme ich darauf, diesen alten Knaben fruchtbare Frauen in den besten Jahren mit frischgeborenen Ungetauften zu unterstellen? Mich ergreifen lähmende, gliederschmerzenträchtige Müdigkeit und trostlose Trauergefühle. Zu Hause bekäme ich in einer solchen Verfassung erfahrungsgemäß schlechte Laune – hier träume ich mich in Klischees. Wo bleibt bloß die Wirtin?

Vermutlich habe ich in den letzten Minuten eine reichlich dämliche Figur abgegeben: resigniert lächelnd, dümmlich-dösenden Blicks und schulterzuckend – weit über die Zeit. Mittlerweile hat es auch der penetranteste Frager aufgegeben, mich zu portugiesischen Einwortsätzen bewegen zu wollen.

Ich verlasse das Lokal. Vor meinem Auto begegne ich dem Wirt, der sich bemüht zeigt, Französisch mit mir zu sprechen, und mir diesmal bedeutet, mitzukommen. Von dem, was er sagt, verstehe ich nichts. Hat er mich abgepaßt? Er hätte doch genausogut in seiner Kneipe mit mir reden können. Will er selber was von mir? Mich vor seinen Gästen schützen? Beides? Höhnisch denke ich daran, daß ich das Land ja ursprünglich mal habe kennenlernen wollen. Möglicherweise bietet sich mir soeben eine unwiederbringliche Gelegenheit, mich ein wenig mit den hiesigen Sitten und Gebräuchen vertraut zu machen, und ich ergreife sie nicht beim Schopf! Wie kommen andere Leute bloß zu ihrer Treffsicherheit hinsichtlich authentischer Ferienerlebnisse in fernen Ländern? Am besten ziehe ich diese mir immer unangenehmer werdende Situation jetzt nicht unnötig in die Länge. Schnellentschlossen ergreife ich die Hand des Wirtes, schüttele sie kurz und kräftig und steige in mein Auto – das Bild des Wirts im Rückspiegel als Abschiedserinnerung an dieses Erlebnis im Blick. Mist! Ich habe vergessen zu zahlen. So ein Ärger. Damit erweise ich künftigen Durchreisenden keinen Gefallen!

Ich gebe mir ultimative zehn Minuten. Wenn ich dann noch immer keinen Platz zum Bleiben gefunden habe, werde ich versuchen, zurück auf die große Straße zu gelangen. Dort gibt es mit Sicherheit gescheite Haltemöglichkeiten, als Übernachtungsplätze für fahrmüde Reisende wie geschaffen.

Natürlich taucht auch in den folgenden zehn Minuten keine mir geeignet erscheinende Bleibestelle auf. Hundemüde biege ich schließlich einfach in einen der unbefestigten Zufahrtswege ein; schon nach einer Kurve finde ich einen einigermaßen ebenen Parkplatz unter einem Baum. Ich lehne mich zurück, döse, fange noch vor dem Schlafen an zu träumen. Unter Aufbietung meiner letzten Kraftreserven rappele ich mich auf: Endspurt. Keinen Meter werde ich mehr fahren, sondern hier und jetzt einen Schlafplatz finden.

Unter dem Baum wachsen nur Brombeerranken, Pieksgras und blattloses kratzstacheliges Gestrüpp. Zwei Quadratmeter ebener, stein- und stachelfreier Fläche stünden mir eigentlich zu, finde ich. In der Ferne, die mir bedauerlicherweise nicht allzu fern zu sein scheint, bellen Hunde. Sechs oder acht. Vielleicht auch nur zwei. Auf jeden Fall zu viele. Um mir die Gurgel durchzubeißen, reicht einer. Und Schlangen gibt es gewiß auch. Habe ich nicht was von Vipern gelesen? Deren Bisse nur für Babys tödlich sind? Beruhigend. Ich bin keins, habe keins. Aber von erster Hilfe bei Schlangenbissen habe ich nur katastrophal undeutliche Vorstellungen. Ausschneiden, ausbrennen. Oder reicht aussaugen? Neben Schlangen mache ich mich am besten auch auf Ratten gefaßt. Vielleicht gibt es die außerdem. Vielleicht stattdessen. Egal: Ratten leben überall. Und wenn sie hungrig sind, kann es sein, daß sie aggressiv werden. Oder wenn sie sich attackiert fühlen. Welcher Voraussetzungen bedarf es, damit solch ein nagebazahnter Zeitgenosse sich attackiert fühlt? Wenn ich mich hier zum Schlafen ablege, empfinden das dann irgendwelche bissigen Ratten vielleicht als Eindringen in ihr Revier. Gehen auf mich los, sobald ich die Isomatte ausgerollt habe. Nicht auszudenken: die Möglichkeit, daß es hier Skorpione geben könnte. Darin liegt eine weitere Gefahr, gegen die ich mich als nordische wildnisunerfahrene Reisende nicht wappnen kann, da ich keine Ahnung von den Lebensgewohnheiten dieser Lebewesen und ihrem Verhalten in zunächst für sie, dann aber auch für mich brenzligen Situationen habe.

Ich werde mich hier schlafen legen. Auf der Rückbank im Auto. Das ist auch insofern eine geschickte Lösung meines Schlafplatzfindeproblems, als die Taschenlampe sowieso verschwunden ist. Ich könnte also nur schlecht einen besseren Platz suchen, selbst wenn ich wollte.

Ich zerre meinen Schlafsack hervor, öffne ein Seitenfenster meines doch nicht so gerade stehenden Autos. Ich stopfe mir noch ein Handtuch unter den Kopf und schlafe sofort ein.

Nach einiger Zeit wache ich auf – mit trockenen Lippen,

Nackenstarre, Moskitogesumm im Ohr. Wo ist die Mückenmilch? Wasser? Die Wolldecke? Wolldecke und Wasser finden sich, nicht so das Zeug gegen die Insekten.

Ich werfe alles, was ich finde und gerade nicht brauchen kann, nach vorne in den Fußraum. Das ist ziemlich viel. Körperöl, Haarwaschmittel, Zahnpasta, Schuhcreme, Silicea für die Sonnenbrandlinderung, Flüssigseife, alles da. Keine Mückenmilch. Verflixtnocheins. Himmelherrgottsakrament. Wo kann die Insektenmindestabstandsmilch, die mir hier so hervorragende Dienste leisten könnte, denn sein? Eingepackt habe ich sie. Das steht fest, mit hunderttausendprozentiger Sicherheit.

Ohne Mückenmilch ist dieser Platz die Hölle!

Der Teufel soll es holen, das vermaledeite Mückenzeug! Soll er? Von wegen. Hat er offensichtlich schon. Was habe ich vor vielen Jahren gelernt, damals, im Konfirmandenunterricht? Der Himmel ist nicht oben, sondern überall. Mit der Hölle verhält es sich logischerweise ebenso. Die ist nicht im Erdinnern und irgendwo am Brodeln, sondern sie kann überall sein – infolgedessen auch hier. In diesem aktuellen Fall handelt es sich um eine Hölle, in der es sirrt und summt, immerzu, von Ewigkeit zu Ewigkeit. Und zwischendrin hocken, jede Wette, lauter kleine und große Teufel und züchten unberechenbare Stechtierchen, die, soviel ist gewiß, von Zeit zu Zeit zustechen – aber keiner weiß, wann. Sich selbst aber reiben diese Teufel mit von Menschen geraubter Mückenmilch ein – ab heute mit meiner.

Ich inspiziere die Gegend aufs Neue. Kratzgestrüpp. Brombeerranken. Dahinter ein Acker, soweit das Autoscheinwerferlicht reicht.

Der Ackerrand – das ist der Platz meiner Wahl. Ich finde einen flachen Stein, begradige die Furchen, so gut es geht, rolle Isomatte und Schlafsack aus und kuschele mich in meinen

Schlafsack. Noch einmal schrecke ich auf, weil mir einfällt, daß ich im „Café Paris“ doch nicht die Zeche geprellt habe. Ich hatte ja keinen Kaffee bekommen und auch nichts anderes bestellt stattdessen! Um mich herum summt und sirrt es unbeirrt weiter. Mir doch egal. Jetzt werde ich schlafen. Gesagt, getan.

Als ich aufwache, steht die Sonne bereits am Himmel, wenn auch nicht besonders hoch, und ein männlicher Mensch neben mir. „Bom dia.“ – „Hä?“ – „Bom dia.“ – „Oh. Ich verstehe nichts. Entschuldigung.“ – „Das macht nix. Guten Morgen, Frau. Sie müssen Portugiesisch lernen. Guten Morgen ist bom dia.“ „Bom dia.“ „Ich habe in Hamburg gearbeitet. Amburgo. Sechzehn Jahre. Viel Arbeit. Schwere Arbeit. Auf Baustellen. Gut Geld. Haben Sie gut geschlafen?“ – „Es geht. Doch. Schon.“ – „Wohin wollen Sie?“ – „Nach Porto.“ – „Eine schöne Stadt. Reich. Viele Baustellen.“ – „Danke.“ – „Keine Ursache.“ Er winkt mir zu und geht. Zwei dünne graubraune Hunde erheben sich gähnend und räkelnd und folgen ihm. Als er sich noch einmal umdreht, winke ich ihm ebenfalls zu, stehe dann auf und verstaue meine Sachen im Auto. Ich fahre direkt los. Nach Porto, habe ich gesagt. Dahin also, wo auch andere Touristen sein werden. Wo es garantiert Touristeninformationen und Stadtpläne mit deutschsprachigen Hinweisen gibt. English spoken. Man spricht Deutsch. Mit der sprichwörtlichen Geduld und Freundlichkeit wird man mir bei jeder sich bietenden Gelegenheit typisch Portugiesisches nahebringen und verkaufen wollen. Ich werde schwarzgekleidete furchengesichtige Marktfrauen samt ihrer bunten Ware fotografieren. Für Nippes und anderen Touristenkitsch werde ich Verachtung übrig haben können, ohne dies zeigen zu müssen. Ich kann es mir leisten, mir nur Echtes zu leisten.

Wein und Käse, Trauben, Tomaten. Am Strand werde ich sitzen und mich fragen, was ich noch mehr zum Leben brauche. Ich werde das Land kennenlernen, irgend etwas davon, irgendwie. Die Sprache werde ich nicht lernen müssen.

Im Alentejo

Fingerabdruck

Meine Augen sind die einen Augen,
Und mit diesen einen Augen
sehe ich in der Welt Klippen
wo andere mit anderen Augen
keinerlei Klippen sehen.

Wer Klippen sagt, sagt Blumen.
Von allem sagt man das gleiche.
Wo die einen Trauer und Schmerz sehen,
entdecken andere Farben allerschönster Schattierungen.

Auf den Straßen oder Landstraßen,
die so viele Menschen benutzen,
sehen die einen getretene Steine,
doch andere Gnome und Feen
mit schillerndem Heiligenschein.

Nutzlos Nachbarn zu folgen,
nachher oder vorher sein zu wollen.
Ein jeder geht seiner Wege.
Wo Sancho Mühlen sieht,
sieht Don Quijote Riesen.

Sieht er Mühlen? Es sind Mühlen.
Sieht er Riesen? Es sind Riesen.

Ganz überraschend ist mir die Liebe meines Lebens begegnet – eine, auf die ich nicht vorbereitet war, mit der ich nicht gerechnet hatte, gar nicht rechnen konnte, weil ich gar nicht gewußt hatte, daß es so etwas gibt. Ich habe mich in eine Landschaft verliebt.

Rotgelber Lehm, Klebegras, schiefrige Steine. Medronhobüsche, die auf Deutsch irreführenderweise Baumerdbeeren heißen, denn bestenfalls sehen die Früchte ein wenig wie Erdbeeren aus – wenn sie gerade rot sind und nicht gelb, grün oder schwarz. Korkeichen. Olivenbäume. Eukalyptus. Staubige Wege. Weißgekalkte Häuser.

Hügel hinter Hügeln. Platz ohne Ende. Streunende, verzeckte Hunde. Kleine Stauseen, manche davon dreieckig. Graugelbes Gras, das vielleicht auch einmal ein kurzes grünes Leben hatte. Weizen, teilweise auf riesigen Feldern. Manchmal aber auch auf kargen Hängen und auf steinigen Böden, wo die Halme mitunter so vereinzelt stehen, daß ich zweimal hinschauen muß, bis ich weiß: Es ist Weizen.

Das Alentejo ist nicht traumhaft schön. Was also zieht mich in seinen Bann? Es ist nicht die Sonne, nicht das Licht, genausowenig sind es die Pflanzen. Auch die Leute können es nicht sein. Noch habe ich mit niemandem gesprochen, kaum jemanden zu Gesicht bekommen – abgesehen von ein paar vorwiegend schwarzgekleideten Männern und Frauen, meist mit Hüten, bei den Frauen oft noch ergänzt durch ein Kopftuch. Diese Menschen sehen beeindruckend aus, wie aus der Landschaft gewachsen, jedoch nicht wesentlich anders als alte Leute anderswo in Portugal.

Das Alentejo ist sehr dünn besiedelt, und dementsprechend wenig Müll liegt herum. Aber wo er liegt, sieht er genauso häßlich aus wie überall. Zwei oder drei Eselkarren habe hier ich schon gesehen, jedesmal mit zwei uralt aussehenden Leuten darauf, bewegungslos sitzend, höchstens leicht die Hand zu einem kurzen Gruß hebend. Windmühlen gibt es. Idyllisch von Weitem, meist heruntergekommen aus der Nähe. Mir fällt das Märchen von der Steinsuppe ein.

Ein Hungriger bittet einen reichen Geizkragen um eine Mahlzeit. Dieser verweigert sie ihm. „Nichts für ungut, dann koche ich mir eben eine Steinsuppe." – „Was kochst du dir?" – „Eine Steinsuppe." Der Reiche wird neugierig, will wissen, wie die zubereitet wird. Der Arme nimmt einen Stein, legt ihn in einen Topf, gießt Wasser hinzu und bittet zur Verfeinerung der Suppe um weitere Zutaten, bis eine sättigende, schmackhafte Suppe entstanden ist.

Dies Märchen könnte hier entstanden sein und, so habe ich mir sagen lassen, hier wird es auch erzählt.

Vielleicht sind sie schön, die Städte des Alentejo – Beja, Évora, Mértola, Odemira, Aljustrel. Noch habe ich keine gesehen.

Hier schlage ich mein Zelt auf und bleibe einfach da. Das Zelt zerreißt. Es ist Sommer. Ich trinke Tageshitze, die bis zur Mitte der Nacht reicht. Eukalyptusblätter helfen gegen Stechmücken. Und ich gewöhne mich. Ich brauche nicht viel. Hier bekomme ich all die Wärme und Geborgenheit, nach der ich mich schon lange gesehnt habe. Ein Weilchen kann ich bleiben. Was aber soll im Winter werden? Was soll ich dann kaufen, wenn ich kann?

Im Winter wird es hier wenig geben, auch an Lebensmitteln. Ich werde den Leuten Äpfel, Eier und Fisch wegessen. Sie werden neidisch sein auf eine, die es sich leisten kann zu kaufen. Sie werden froh sein um eine, die es sich leisten kann zu kaufen. Winter im Alentejo. Geben und Nehmen werden nicht mehr stimmen. Eine solche Liebe hat keine Zukunft. Bewahren werde ich sie, aber ich werde gehen – nach der Weinernte, vor der Regenzeit.

Sightseeing

Drei Monate bin ich jetzt in Portugal gewesen, und am liebsten würde ich noch länger bleiben, aber außer, daß ich eben gern noch bleiben würde, spricht leider alles dagegen. Mein Geld geht zur Neige. Mein Schlafsack, das meiste Geschirr und fast alles, was ich an Kleidung dabeihatte, sind mir gestohlen worden. Zum Zahnarzt muß ich auch.

Es gibt ein paar Leute, die mich vermissen und nach denen ich mich zwischendurch ebenfalls sehne. Nach meiner Wohnung sollte ich auch mal wieder schauen. Und ich muß mich dringend um einen Job kümmern, denn meine Ersparnisse sind weitgehend aufgebraucht. Außerdem soll demnächst ein Festival sein, auf das ich mich, wäre ich in Deutschland, bestimmt schon seit langem freuen würde. Im Moment fühle ich mich allerdings ziemlich weit weg von alledem: von vielen Leuten, lauter Musik. Aber wenn ich dann wirklich dort bin, wird es mir vermutlich gefallen. Zuerst muß ich halt mal in Deutschland ankommen.

Es gibt Busse von Portugal nach Deutschland. Allerdings ist die nächste Stadt, von der aus solche Busse fahren, mehr als achtzig Kilometer von hier entfernt. Zum Zugbahnhof sind es siebzehn Kilometer. Züge fahren täglich.

Eines Morgens stehe ich in der Dämmerung auf, gehe ein letztes Mal schwimmen und laufe ins Dorf. Dort besorge ich mir noch eines dieser pappigen Weißbrote, die es hier ohne Alternative zu kaufen gibt, einen halben runden Käse aus der Gegend, Oliven und eine große Wasserflasche. Ich verabschiede mich von ein paar Leuten, die mir wichtig geworden sind. Zwei alte Frauen weinen, die Frau im Laden schenkt mir eine Flasche Vinho Verde, den bizzeligen Wein, den ich so gerne mag.

Den hatte ich mir in letzter Zeit nicht mehr leisten können. Alle sind gerührt, ich inbegriffen. Eine vergleichbare Szene könnte ich in Deutschland vermutlich nur schwer ertragen.

Viel Gepäck habe ich ja nicht mehr, so daß ich mir überlegt habe, zu Fuß zum Bahnhof zu gehen. Ich hätte es wissen müssen: Natürlich geht es nicht an, daß ich diese acht Kilometer laufe. Schließlich fahre ich 3000 Kilometer weit. Eine solche Reise beginnt man nicht zu Fuß! Die beiden Taxis sind unterwegs. Die Postfrau bittet einen Briefträger, mich auf seinem Motorrad mitzunehmen. Er fährt zum Postaustragen in zwei der umliegenden Dörfer und kommt am Bahnhof vorbei. Sogar einen Helm treibt die Postfrau für mich auf. Beeilen sollen wir uns, dann werde ich noch den Vormittagszug nach Lissabon erreichen.

Auf dem Bahnhof dösen Katzen. Ein alter Mann zieht mit seinem Karren voller Grünzeug – wahrscheinlich Kaninchenfutter – vorbei. Zwei ausgemergelte Hunde mit vielen Zecken und stumpfem Fell streiten um etwas Undefinierbares, das einmal ein Stück Fleisch oder Fisch gewesen sein mag. Der Bahnhof selbst ist menschenleer, das Bahnhofsgebäude geschlossen. Fernando, der Briefträger, will, wenn er die Post verteilt hat, hier vorbeischauen, um zu erfahren, ob es geklappt hat mit meiner Abreise. Das beruhigt mich. Vielleicht habe ich den Zug ja verpaßt. Ein bißchen hoffe ich, daß es so ist.

Ein älterer Mann kommt angeradelt, pfeifend, mit einer dunklen Mütze. Er schließt sämtliche Türen des Bahnhofshauses auf. Ich betrete einen kühlen, düsteren Raum. Es dauert lange, bis ich mich an das dämmerige Licht gewöhnt habe und ein paar mausgrau gestrichene Bänke und große blaue bedruckte Zettel ausmachen kann. Letztere entpuppen sich bei näherem Hinsehen als Fahrpläne. Tatsächlich fährt hier in vierzehn Minuten ein Zug nach Lissabon. Wenn mir noch genug Zeit bleibt, kann ich mir gleich selbst die Verbindung bis Paris heraussuchen.

Ich kaufe eine Fahrkarte nach Lissabon. Der Mann hinterm Schalter will wissen, ob ich etwas von meinen gestohlenen Sachen wiederbekommen habe. Mitfühlend zieht er die Augenbrauen hoch und die Mundwinkel nach unten, als ich verneine. Schlechte Menschen gibt es überall, stellt er bedauernd fest. Ja, gebe ich ihm recht, aber gute auch. „É verdade." Das ist wahr. Ich soll wiederkommen und mir hier einen Mann suchen, einen Portugiesen. In Lissabon muß ich mit der Fähre den Tejo überqueren und dann von einem anderen Bahnhof aus weiterreisen. Leider versteht der Mensch meine Frage, ob es vom einen zum anderen Bahnhof sehr weit ist und man die Strecke gut zu Fuß gehen kann, nicht richtig. Um mir hier eine Zugverbindung nach Paris herauszusuchen, ist die Zeit nun doch zu knapp.

Der Zug fährt ein, bleibt ächzend stehen. Ich habe ein ganzes Abteil für mich. In Grândola steigen ein paar deutsche Rucksacktouristen ein, die sich Lissabon ansehen und in einigen Tagen ebenfalls nach Paris weiterreisen wollen. Sie wissen von einer direkten Zugverbindung Lissabon – Paris, wo man nur ein einziges Mal umsteigen muß, nämlich in Hendaye, an der spanisch-französischen Grenze. Aber das muß man immer, denn das spanisch-portugiesische und das deutsch-französische Schienensystem sind nicht aufeinander abgestimmt. Im Süden sind die Abstände von einer Schiene zur anderen schmaler. Für diesen Zug wird es heute allerdings mit der Zeit zu knapp, der nächste geht dann erst morgen wieder, am frühen Nachmittag irgendwann. „Schade. Und danke. Das wird mir zu spät."

Die Deutschen wissen, wo es zum Bahnhof Santa Apolónia

geht, sie zeigen mir den Weg: „Rechts, dann immer geradeaus." Wieder weiß ich den Vorteil meines extraleichten Gepäcks zu schätzen.

Ewig stehe ich in einer ellenlangen Schlange, bis ich endlich versuchen kann, mein Vorhaben, für heute eine Fahrkarte – von Lissabon nach Mannheim, einfach – zu erstehen, in die Tat umzusetzen. Ich meine, klar und deutlich vermittelt zu haben, daß ich weiß, daß der günstigste Zug heute schon weg ist, und daß ich nun gerne eine andere Verbindung hätte, auch wenn die umständlicher sein sollte. Der mürrische Knabe hinter seiner Scheibe ist offensichtlich außerstande, mir die gewünschte Auskunft zu erteilen. Stattdessen werde nun ich alles Mögliche gefragt; leider kapiere ich fast nichts von alledem. Im Süden ist mir das Verstehen viel leichter gefallen, und ich bin meinerseits auch besser verstanden worden. Die Menschen haben dort, so kommt es mir vor, alle Zeit der Welt, hier nicht. Während er mit mir spricht, schaut der Mann am Schalter demonstrativ und arbeitseifrig-besorgt, wie mir scheint, auf die Schlange hinter mir. Nervös läßt er einen Kugelschreiber trommelnd auf seine Fingerknöchel klackern. Hinter mir werden einige Leute unruhig, beginnen, sich zu beschweren. Schließlich schreibt mir der Mann die Verbindung von hier nach Mannheim über Paris auf einen Zettel – für morgen. Ich verzweifle schier. Nicht morgen will ich fahren, sondern heute! Der Grantelheiner hinter seiner Scheibe schaltet auf stur. Ich sage mehrmals „hoje" und „o próximo combóio", heute, der nächste Zug. Er macht eine drohende Bewegung mit dem Zeigefinger, die aber auch irgend eine Art von Verneinung bedeuten kann.

Mit einer unmißverständlich abschließenden Geste, die besagt, daß ich hiermit definitiv zu Ende bedient bin, zeigt er auf den Zettel, den er mir gegeben hat, und nimmt den nächsten an die Reihe.

Nun gehe ich daran, einen Fahrplan ausfindig zu machen. Nach langem ergebnislosen Herumlaufen und -schauen finde ich, was ich gesucht habe: einen Ständer mit lauter gerahmten, eingeplastikten Fahrplänen um eine Achse, die sich zweiseitig lesen lassen. Dazu kann der jeweilige Fahrplan nach links oder rechts geklappt werden. Einige Leute sind am „Blättern". Es ist beinahe unmöglich, sich dabei nicht gegenseitig ins Gehege zu geraten. Ziemlich bald ergattere ich einen freien Platz. Lisboa – Vila Real Sto. António, Tunes – Lagos. Dies sind die Südpläne. Ich gehe nach links weiter, Coimbra – Serpins. Das wird etwas Kleineres sein. Vermutlich muß ich also rechts schauen. Rechts gibt es Intercity-Züge. Endlich: die internationale Abteilung. Madrid. Paris. Nach Paris fährt wirklich nur ein einziger Zug pro Tag, morgen Nachmittag. Wie sich über andere Städte eine andere Route kombinieren läßt, wird nicht ersichtlich. Zwar verzeihe ich dem Schaltermenschen seine Unfreundlichkeit auch jetzt nicht, aber ich verstehe wenigstens, was er mir mitteilen wollte. Um noch einmal woanders nach weiteren, wahrscheinlich sehr umsteigeintensiven Routen zu fragen, fehlt mir der Mut.

Ich schaue auf die Straßenkarte, die mir glücklicherweise erhalten geblieben ist. Es ist möglich, mit der Bahn in den Norden zu gelangen. Zuerst kann ich nach Coimbra fahren, dann umsteigen Richtung portugiesisch-spanische Grenze. Nach oder über Coimbra gehen jede Menge Züge.

Ich löse eine Fahrkarte und gehe zu dem Bahnsteig, von dem aus der Zug abfahren soll. Am Ende des Zuges entdecke ich noch ein leeres Abteil, besetze den Fensterplatz in Fahrtrichtung. Der Zug füllt sich rasch. Die Fahrt selber enttäuscht mich. Mit der Weite der Landschaft des Alentejo ist es vorbei. Außerdem ist die Besiedlung, genaugenommen handelt es sich großenteils eher um Zersiedlung, dichter. Es wird viel gebaut, vor allem in den Randgebieten der Städte. Bahnhöfe mit schönen weißblauen Kacheln, den Azulejos, gibt es freilich auch hier immer wieder. Freundliche Mitreisende sagen mir kurz vor Coimbra Bescheid. Ich steige aus.

Wieder stehe ich auf einem Bahnhof ohne sichtbare Fahrpläne. Ein hilfsbereiter Gepäckträger führt mich ins Bahnhofsgebäude. Hier gibt es natürlich Fahrpläne, und wie im Bahnhof Santa Apolónia sind sie wie ein auf der Unterkante stehendes Buch organisiert. Allerdings ist die Achse diesmal direkt an der Wand befestigt. Ein Übersichtsplan fehlt leider auch hier. Neben mir stehen zwei Deutsche. Sie fragen mich, ob ich bei all diesen Plänen durchblicke. „Nein." – „Wo möchtest du denn hin?" – „Mindestens bis zur spanischen Grenze." – „Madrid?" „Nein, nach Norden." – „Dann mußt du über Porto." – „Danke." Ich gehe zum Schalter, kaufe einen Fahrschein, erstmal nur bis Porto. Da muß ich dann sowieso umsteigen und kann vor Ort sehen, wie ich weiterkomme. Ich habe Glück: noch zehn Minuten bis zur Abfahrt. Acht Minuten später höre ich die bekannten ächzenden, quietschenden Geräusche – der Zug. „Porto?" frage ich einen alten Mann neben mir. „Sim, vem do Porto." Ich steige ein, suche mir einen guten Sitzplatz, verzehre ziemlich viel von meinen Vorräten.

Je mehr man nach Norden kommt, desto weniger scheint sich die Landschaft zu verändern. Viel portugiesischen Stangenkohl gibt es, Wein, Olivenbäume, Eukalyptus, dieselbe Art zersiedelter Landschaft wie auf der Strecke von Lissabon nach Coimbra auch schon. Nach einer Weile schlafe ich ein. Die Erholungspause fällt kurz aus, denn ich werde vom Schaffner geweckt, der meine Fahrkarte sehen will. „Sorry, Madam, you are in the wrong train“, sagt er mit vielen rollenden Rs. Entschuldigung, Sie sind im falschen Zug. „Porquê?“ warum, frage ich erschrocken. Er lacht, weil er das auch nicht wissen kann; aber wo dieser Zug hinfährt, kann er mir sagen. Nach Lissabon. Wo ich denn hinmöchte. Nach Porto. Da kommt der Zug her. „Vem do Porto“, hatte der alte Mann gemeint. Na klar! Kommt aus Porto. Ich schlage mir mit der flachen Hand auf die Stirn. „Calma“, empfiehlt mit der Schaffner, „paciência“. Immer mit der Ruhe, Geduld. Jetzt muß ich auch lachen. Das kenne ich vom Süden her nur allzu gut – calma, paciência. Nur: was soll jetzt werden? In stark portugiesischakzentigem Englisch erklärt er mir, daß er gleich nochmal kommt.

Wenn ich auf einem dieser kleinen Bahnhöfe aussteige, komme ich mit Sicherheit heute auch nicht weiter. Am besten fahre ich gleich zurück nach Lissabon, übernachte dort in einer billigen Pension und nehme dann morgen Nachmittag die Direktverbindung nach Paris. Hoffentlich wird mir das Geld nicht zu knapp; derartige Eskapaden hatte ich ja nun nicht in Planung. Notfalls muß ich eben von Paris nach Mannheim trampen. – Ärgerlich! Jetzt habe ich mir überflüssige Fahrkarten gekauft, jede Menge Zeit verplempert und muß unnötig Geld ausgeben!

Als der Schaffner zurückkommt, empfiehlt er mir aus dem Grund, den ich mir selber auch schon überlegt habe, nach Lissabon zu fahren. Dort soll ich mit ihm zusammen zum Bahnhofsvorsteher gehen, der wird dann alles Weitere klären.

Große Städte meide ich, so gut es geht, vor allem im Ausland. Lissabon hat mich noch nie interessiert. Und jetzt muß ich da sogar übernachten! Grimmig schaue ich aus dem Fenster.

Warum ist in Portugal aber auch alles so unübersichtlich? Ich denke, die wollen hier den Tourismus fördern, im großen Stil! Wenn das alles so mies organisiert wird, kann das Land nie zum heißen Urlaubstip Nummer eins avancieren. Dann kommen vielleicht noch ein paar alte Revolutionsnostalgiker um mal nachzugucken, was aus „damals“ so geworden ist, und ansonsten die herrlich ausnehmbaren Fünfsterner, die sich sowieso nicht von dem Niveau Flugzeug – Leihwagen – Luxushotel oder Villa – Pool herunterbewegen und für deren Urlaubsorganisation und Betreuung hochqualifizierte ausländische Fachkräfte zum Einsatz gelangen.

In Lissabon angekommen, zeigt mir der Schaffner das Büro, das ich nun aufsuchen muß, und verspricht, gleich nachzukommen. Zum Glück ist noch jemand da, der überdies nett ist und außerdem sehr gut Englisch spricht. Kaum habe ich angefangen, umständlich zu berichten, was vorgefallen ist, als schon der Schaffner kommt. Kurz und knapp erklärt er, daß ich in Coimbra in den Zug nach Lissabon gestiegen bin, aber eigentlich nach Porto wollte. Der Bahnhofsvorsteher sagt, er werde auf dem Fahrschein vermerken, daß ich mich im Zug geirrt habe, dann brauche ich keinen neuen zu lösen. Erleichtert bedanke ich mich, überrascht von so viel Freundlichkeit. Er wünscht mir „boa viagem“, gute Reise; ich bedanke mich nochmal, diesmal in meinem schlechten Portugiesisch, für seine Hilfe.

Jetzt werde ich sofort die Fahrkarte kaufen. Erledigt ist erledigt. Ich schaue mir nochmal den Zettel mit der Verbindung Lisboa – Paris an. Wie merkwürdig, Porto kommt da gar nicht vor! Jetzt betrachte ich mir lieber mal gründlich die Landkarte, bevor ich weitere Fehler riskiere. Natürlich: Porto ist im Norden.

Zwar komme ich auch von dort aus nach Spanien; aber wenn ich mit dem Zug nach Deutschland will, ist das verkehrt.

Zweimal an einem Tag werde ich für meine Ungenauigkeit bestraft. Manchmal kennt das Schicksal keine Gnade.

Noch einmal gehe ich zum Bahnhofsvorsteher. Er ist gerade dabei, sein Büro abzuschließen. Ich erkläre ihm, daß ich mich nicht nur im Zug, sondern auch in der Strecke geirrt habe. Noch während ich rede, merke ich, daß ich unverschämt bin. Dafür, daß ich mir die falsche Strecke herausgesucht habe, kann wirklich keiner was. Das hätte ich mir früher überlegen müssen. Der Mann hat die erste Tür schon geöffnet. Wenn ich jetzt sage, daß ich seine Hilfe doch nicht beanspruchen will, muß er mich für durchgedreht halten. Die Höflichkeit in Person, verzieht er keine Miene. Der Bahnhofsvorsteher schließt auch die zweite Tür wieder auf, geht an seinen Schreibtisch und schreibt mir ein Papier, das er auch noch abstempelt und unterschreibt. Daraus geht hervor, daß mir der Preis für die Fahrt von hier bis Porto vom Preis meiner Fahrkarte von hier nach Mannheim abgezogen werden soll. Anschließend entschuldigt er sich bei mir. Ich bin völlig verdutzt. Er schaut mich freundlich und bedauernd an – keine Spur von Zynismus. Leider habe ich nicht die geringste Ahnung, wofür er sich bei mir entschuldigen könnte. Der Abschied von ihm gerät mir diesmal ein wenig zu überschwenglich, fürchte ich.

Problemlos erstehe ich die Fahrkarte und finde in der Tat ein Zimmer in einer billigen Pension in der Nähe.

Am nächsten Morgen laufe ich ziellos durch die Stadt. Schöne alte Cafés gibt es – so stelle ich mir richtige Kaffeehäuser vor – und erstaunlich viele Delikateßgeschäfte. Besonders hat es mir eine Art Quarkkäse angetan, der auf einem Salatblatt angeboten wird. Einen leiste ich mir und esse ihn sofort auf. Nur das Salatblatt dient als Brotbelag. Einige, teilweise ziemlich abgerissen, teilweise aber auch schick aussehende Leute wollen mir etwas verkaufen, das vielleicht Haschisch ist. Ich gehe in einen Bioladen und staune über die Unmassen von Cellophan, die hier für die Verpackungen verwendet werden.

Die Vertreter einer bestimmten Branche scheinen schwerpunktmäßig immer in derselben Gegend versammelt zu sein. Es gibt ein paar Straßen, in denen es, jeweils dicht beisammen, vor allem Haushaltswaren gibt, in anderen finden sich Uhrengeschäfte und Juweliere, in wieder anderen Werkzeugläden, ein paar Ecken weiter vor allem Schuhgeschäfte und so fort.

Zwei Stunden früher als nötig gehe ich wieder zum Bahnhof. Ich bin eine der ersten, die in den Zug steigen.

Kurz vor der Abfahrt gesellen sich zwei mit jeweils einem riesigen und einem mittelgroßen Koffer bestückte Amerikanerinnen zu mir, die ebenfalls nach Paris wollen. Sie staunen über mein winziges Gepäck. Ich lüge ihnen etwas von portugiesischen Bekannten vor, die in Deutschland in der Nähe meines Wohnortes arbeiten würden und alles Große, Schwere bereits für mich mitgenommen hätten. „How nice!" Wie nett. Ja, die Portugiesen. Was für ein reizendes Volk. Und Lissabon sei so schön. Die fünf Tage, die sie für die Stadt zur Verfügung hatten, wären ja viel zu knapp bemessen gewesen. Wie lange ich denn in Lissabon gewesen sei. Nur einen Tag?! Und wie lange in Portugal? Drei Monate?! Sie sind baß erstaunt. Was ich denn so alles gesehen hätte? Ich beschreibe Landschaften. Während des Erzählens komme ich mir vor, als gäbe ich ein Geheimnis preis. Also berichte ich von meiner gestrigen Zugfahrt, die ich derartig dehne und strecke, daß sie am Ende beachtliche sieben Wochen in Anspruch nimmt. Allein Vila Franca de Xira, das ich nur im Zusammenhang mit Industrie und portugiesischen Stierkämpfen erwähnt gefunden habe, wird von mir auf äußerst touristenfreundliche Weise ausgestattet. Ich verpasse dieser tristen Stadt einen schönen alten Kern, wo man überall gemütliche Cafés findet und nett bummeln gehen kann, außerdem weitläufige Parks, von denen ich behaupte, daß sie bekannt für ihre hohen, alten Bäume seien. Als nächstes lasse ich dort ein beeindruckendes Kapuzinerkloster entstehen. Dem füge ich mehrere gut erhaltene gotische Kirchen hinzu, die ich, da in mir plötzlich Zweifel an der Existenz portugiesischer Gotik aufkommen, in sehr späte spätgotische Kirchen, mit stark manuelinischem Einschlag, umwandele. Die eigentliche Hauptattraktion wird ein königliches Lustschloß aus dem 17. Jahrhundert. Da es sehr verfallen sei, würde es in den allgemein gebräuchlichen Touristenführern jedoch überhaupt nicht, in kunsthistorischen Fachbüchern nur selten erwähnt. „What a pity", wie schade, rufen die an historischen Gebäuden offenbar hochinteressierten Damen wie aus einem Munde aus. Ja, an Geld für die Restaurierung unwiederbringlich verlorengehender Sehenswürdigkeiten und Kunstschätze würde es allenthalben fehlen. Ein Jammer sei es. „Yes, indeed." Ja, in der Tat. Mir wird auch schon ganz schwer ums Herz.

Um die gedrückte Stimmung ein wenig zu verbessern und dem Thema zu einem einigermaßen akzeptablen Ende zu verhelfen, erschließe ich auf die Schnelle noch mehrere Naturschutzgebiete. Das finden die beiden wohl ziemlich langweilig. Außer ab und zu „o really", o tatsächlich, und „how interesting", wie interessant, sagen sie nicht mehr viel. Als wir durch Vila Franca de Xira kommen, stellen sie fest, daß man von hier aus von all den Schönheiten, von denen ich berichtet habe, ja nicht das geringste mitbekäme. Aber das sei ja häufig so, vom Zug aus sehe man das Wesentliche einer Stadt, das, was den Charakter ausmache, nur selten. Ich gebe ihnen recht, führe Lissabon als weiteres Beispiel an, wo das genauso sei. Schließlich klappe ich den Mund zu. Ich lasse noch einmal meine gestrige Bahnfahrt als Grundlage all dieser Erzählungen an mir vorüberziehen. Die Damen schauen aus dem Fenster, hängen vielleicht auch ihren Gedanken nach. Nach einer Weile meint eine der Frauen, „so, finally, you did quite some sightseeing too". Sie haben sich schlußendlich doch auch einige Sehenswürdigkeiten angeschaut. „Yes, didn't you", ja, nicht wahr, ergänzt die andere. Wie man's nimmt, denke ich. Aber eigentlich haben sie recht.

Im botanischen Garten von Coimbra

Eine eher stille Berühmtheit genießt der botanische Garten von Coimbra, der – von einem hohen Zaun umgeben – direkt bei der Universität liegt. Wenn ein botanischer Garten das Prädikat „altehrwürdig“ verdient, dann ist es dieser, finde ich. Viele verschiedene Laub- und Nadelbäume von teilweise beachtlicher Größe gibt es hier, außerdem Palmen und natürlich Blumen.

In diesem botanischen Garten fühle ich mich nicht wie andernorts beim Besuch dieser künstlichen pflanzlichen Großarrangements wie in einer Gärtnerei, sondern eher wie in einem Park.

Besonderen Reiz bekommt der Garten durch den wohltuenden Kontrast zu den Coimbra umgebenden Waldflächen, die diesen Namen jedoch nur auf den ersten Blick verdienen. Dort, wie auch sonst fast überall in Portugal, wurden die alten Wälder, die es noch vor wenigen Jahrzehnten gegeben haben soll, großenteils nach und nach zerstört, im wesentlichen durch Feuer. Ersetzt hat man sie durch plantagenartige Pflanzungen, bestehend aus Eukalyptusbäumen und Pinien. Auf Dauer wirken diese, insbesondere die Eukalyptuswälder, denen jegliches Unterholz fehlt, in ihrer Eintönigkeit jedoch deprimierend. Dazwischen wächst Gestrüpp. – Der botanische Garten ist also mehr als eine grüne Oase inmitten städtischer Gemäuer, er bedeutet vor allem einen kleinen Kontrast zu den Monokulturen ringsum.

So sehe ich den botanischen Garten allerdings erst seit kurzem, denn von dieser Seite habe ich ihn erst neulich kennengelernt.

Eines Nachts kam ich mit einem sehr guten Freund und einem sehr jungen Hund in Coimbra an – müde von einer langen, anstrengenden Reise. Es war halb zwei und somit zu spät, um sich für die Nacht noch irgendwo – mit gut verstecktem Hund – einzumieten, und zu früh, um zum Bahnhof zu gehen und den letzten Teil der Reise hinter sich zu bringen.

Wir wollten nicht mehr viel in dieser Nacht, eigentlich nur schlafen. Das aber gestaltete sich schwierig. Auf dem Busbahnhof und den beiden Zugbahnhöfen war es gleichermaßen ungemütlich, da konnte man nur im Sitzen oder überhaupt nicht schlafen. In einem Park sorgte die Straßenbeleuchtung dafür, daß sich Schlafsackschläfer fernhielten, in einem anderen war offensichtlich noch vor kurzem gegossen worden: Sämtliche Bänke und der Rasen waren naß.

Zum Glück fiel Atze, meinem Freund in der Not und auch sonst, der botanische Garten ein. In zehn Minuten würden wir dort sein. Das waren wir auch; aber leider wartete hier schon eine böse Überraschung auf uns: Es gab ein Tor, und das war verschlossen. Der Zaun war hoch, und ich bin weder auffallend lang noch unmäßig sportbegeistert. Am liebsten hätte ich losgeheult oder einem Wutanfall freien Lauf gelassen. Für Atze hingegen sah die Sachlage offenbar völlig anders aus; er hatte bereits damit begonnen, unser Gepäck über den Zaun zu werfen.

„Los, steck den Hund durchs Gitter“, forderte er mich auf. „Ja und? Was ist dann gewonnen?“ – „Dann ist der Hund schon mal drinne, und dann steigen wir da rüber. Na, mach schon!“ „Da komm’ ich nie hoch.“ – „Natürlich. Wir machen Baumleiter. Steig einfach auf meine Schultern.“ – „Nee, das kriege ich nicht hin.“ – „Nein. Kriegst du nicht. Dein Vorschlag?“ – „Auf deine Schultern steigen.“

Wir suchten uns einen gut versteckten Platz hinter ein paar Büschen, machten uns ein Lager und streckten uns aus. Über der Überlegung, ob ich dem Hund vielleicht noch etwas Wasser geben sollte, schlief ich ein.

Als ich am nächsten Morgen aufwachte, war es hell und schon ziemlich heiß. Atze schlief. Der Hund kaute an einem Riemen, von dem ich hoffte, daß er nicht von meiner Tasche stammte.

Sollte ich Atze wecken? Der war morgens meistens unerträglich. Andererseits konnten wir hier, auch wenn wir noch so gut zwischen Büschen versteckt waren, nicht gut kampieren. Ausserdem mußte ich mich um Hundefutter kümmern.

Weitere Überlegungen in dieser Richtung erübrigten sich, denn plötzlich raste unser Hund wild kläffend durchs Gebüsch. Ich probierte, ihn zurückzurufen. Keine Chance. Er hörte sowieso fast nie auf mich, warum sollte er das ausgerechnet jetzt, wo es darauf ankam, tun?

Ein Mann mit Gummistiefeln, die ich als Hinweis auf seine Tätigkeit als Gärtner interpretierte, hatte sich einen Weg durchs Gebüsch gebahnt und betrachtete erstaunt unser Nachtlager. Atze zog gerade schimpfend seine Hose an. Es dauerte einen Moment, bis auch der letzte die Situation erfaßt hatte; „bom dia", guten Morgen, riefen wir alle drei ungefähr gleichzeitig. Ich beschloß, daß sich meine portugiesischen Sprachkenntnisse ab sofort in diesen beiden Wörtern erschöpfen würden. Atze würde das regeln.

Und er regelte es. Ob wir hier im botanischen Garten geschlafen hätten. „Je nun, naja, schon mehr oder weniger." Wie wir denn hineingekommen seien. „Doch nicht etwa über den Zaun geklettert?" – „Neinnein." – „Wie denn? – Und wo?" – „So da hinten etwa irgendwo." Atze machte eine schlingernde, außerordentlich vage Handbewegung. „Da drüben halt ..." – „Ach so." Der Gärtner sah sich uns, den Zaun, das Nachtlager, den Hund an und schlug dann vor: „Aber raus geht lieber durch die Tür. Sich nachts im Park aufzuhalten, ist übrigens verboten. Und vergeßt bitte euren Hund nicht.“ Wir packten im Hui zusammen, zerrten den Hund hinter uns her und winkten dem Gärtner zum Abschied zu.

„Dieser blöde Hund. Hat uns den Pennplatz vermasselt.“ – „Selber schuld, würde ich sagen. Ein bißchen frech ist es ja schon, so über den Zaun zu steigen. Sich dann noch einen Hund mitzunehmen, das ist dreist. Aber dann noch einen Hund mitzubringen, der Leute, die rechtmäßig da sind, verbellt, das geht zu weit. Kein Einbrecher nimmt auf Arbeit seinen Hund mit.“

Wenn ich gefragt wurde, ob ich eigentlich den botanischen Garten in Coimbra kenne, habe ich eine Weile lang wahrheitsgemäß geantwortet, daß ich zwar schon dort war, mir aber nur einen sehr kleinen Teil etwas genauer angesehen habe. – Dann nahm ich mir jedesmal vor, da nochmal hinzugehen, allerdings ohne Hund und tagsüber. Das habe ich inzwischen auch in die Tat umgesetzt. Wenn mich jetzt jemand nach dem botanischen Garten fragt, erzähle ich immer davon, wie schön er liegt, welch einen guten Kontrast er zu den ganzen Monokulturen der Umgebung bildet, daß er wie ein Park angelegt ist und nicht – wie anderswo – wie eine Gärtnerei.

Pois

In ein Land zu kommen und nach fünf Monaten immer noch nicht viel mehr als „guten Tag“ und „auf Wiedersehen“ sagen zu können, ist äußerst unbefriedigend. Dies trifft sowohl für mich selbst zu, wenn ich etwas sagen will und nicht kann, vermutlich aber ebenso für die Personen, die mit mir zu tun haben und sicher gern verstehen würden, worum es ihrem stammelnden, gestikulierenden Gegenüber jeweils geht.

Ich bin mit Kindern und Freunden nach Portugal gekommen und habe mir vorgestellt, daß wir gemeinsam Portugiesisch lernen könnten. Die Kinder würden die Sprache so ganz nebenbei aufschnappen und sich schnell sicher in ihr bewegen; ich würde sie dann, ebenfalls spielerisch, gleich mitlernen können. Denn Kinder, so habe ich von den verschiedensten Seiten gehört, gelesen und bislang geglaubt, eignen sich neue Sprachen beiläufig an. Wie im Flug.

Leider erfüllen diese Kinder meine hochgesteckten Erwartungen, die ich in der Beziehung in sie gesetzt habe, nicht im geringsten. „Bom dia“, sagen sie unbekümmert, wann immer sie jemanden treffen. „Bom dia“, antworten die Begrüßten, wenn die Tageszeit stimmt, es also Morgen oder Vormittag ist. Die Belehrung, daß ab Mittag „boa tarde“ gesagt wird und mit Einbruch der Dunkelheit „boa noite“ verstehen die Kinder auf Anhieb, selbst wenn man sie ihnen nicht mehr ins Deutsche übersetzt – aber sie vergessen sie dummerweise auch sofort wieder, immer aufs Neue. Ihre wenigen portugiesischen Freunde haben ihnen die wichtigsten Schimpfworte, Kraftausdrücke und Flüche in der Landessprache beigebracht. Ansonsten läßt es sich auch ohne Worte miteinander spielen.

Es hilft nichts: Ich muß selber sehen, auf welche Weise ich

mir die – mir zum Erlernen ziemlich schwer vorkommende – portugiesische Sprache aneignen kann. Nach einem Lehrbuch vorzugehen, hat sich leider nicht bewährt. In die dort arrangierten, dem echten Leben abgeschauten Situationen, in die man sich da sprachlich einarbeiten kann, gerate ich so gut wie nie. Ich muß keine Fahrten mit dem Schiff unternehmen, will nicht ins Theater gehen, und in die Lage, im Restaurant etwas zu bestellen und mich anschließend darüber beschweren zu wollen, werde ich in absehbarer Zeit auch nicht kommen.

Also habe ich mir ein System überlegt, das in meinem Fall funktionieren könnte: Jeden Tag zehn neue Wörter lernen, ausserdem die alten wiederholen und immer wieder anwenden. Sätze bilden, auch wenn sie noch so holperig und falsch sein sollten. Die Zahlen eins bis zehn. Mann, Frau, Kind, Vater, Mutter, Tochter, Sohn, Großvater, Großmutter, Familie. Wer, wo, wie, wann, wie lange, warum, wohin, heute, morgen, gestern.

Meine Fortschritte können sich sehen lassen. Schon nach zwei Wochen kann ich, wenn auch nach intensivem Üben, den langen Satz: „Können Sie mir bitte sagen, wo sich die nächste Post befindet?" von mir geben. Wahrscheinlich habe ich einen grauenhaften Akzent, aber der Satz ist fehlerfrei.

Bei der nächsten sich bietenden Gelegenheit, bei der ich das Gelernte tatsächlich anwenden möchte, stelle ich begeistert fest: Ich werde verstanden. Die spontane Begeisterung verpufft allerdings schnell, als ich merke: Ich werde besser verstanden als mir lieb sein kann. Begleitet von ausdrucksstarker Mimik und eindrucksvoller Gestik ergießt sich ein beträchtlicher Erklärungsschwall über mich. Außer „a direita", rechts, das gleich zu Anfang gesagt wird, verstehe ich nichts. Das Schlimmste aber ist: Am Ende seiner Ausführungen hebt der Erklärende die

Stimme. Er hat also eine Frage gestellt. Vorsichtshalber antworte ich mit „sim", ja. Das ist nun offensichtlich verkehrt, denn es veranlaßt meinen leider-kein-Gesprächspartner dazu, weitere lange und mir ebenfalls vollkommen unverständliche Sätze abzusondern. Endlich begreift er: Die kapiert nichts. Zum Glück kann er Französisch. Jetzt verstehe ich außer „à droite" noch „à gauche", „pont" und „feu rouge". Rechts, links, Brücke, Ampel. Ich wende meine Augen in die angegebene Richtung und verleihe meinem Blick die dieser Situation meines Erachtens angemessene Festigkeit. Das überzeugt. Nun kann ich „merci beaucoup", danke vielmals, sagen und mich gezielt in Bewegung setzen. An der Ampel, bis zu der ich die Wegbeschreibung schließlich begriffen habe und die, wie ich aus meinem Wörterbuch erfahre, „semáforo" heißt, frage ich erneut. „Wo Post?" Die Antwort fällt diesmal leicht verständlich aus.

Alles in allem kann ich mit meinen Lernerfolgen zufrieden sein. Zuerst entnehme ich den Mitteilungen meiner Gesprächspartner einzelne Wörter, schließlich Satzteile und nach und nach sogar einzelne Sätze. Als ich das erste Mal bei einer Unterhaltung zweier Portugiesen untereinander mitbekomme, um was sich das Gespräch dreht, werde ich geradezu euphorisch.

Was mich an meinen portugiesischen Ausdrucksmöglichkeiten allerdings noch lange stört, ist meine Unfähigkeit, im Bedarfsfall schnell den passenden, am besten kurzen Kommentar zu finden, wenn mir etwas erzählt wird. Einwürfe wie: das ist schade, wie gut!, o, wie blöd, wie schlecht! sind als Signal dafür, daß ich gewillt bin, an dem, was mir erzählt wird, Anteil zu nehmen, nicht zu verachten. Aber immer passen sie nicht.

Eines Tages erzähle ich einem Nachbarn in von Satz zu Satz stolperndem Portugiesisch die Geschichte eines mißglückten

Schraubenkaufs. Viel läßt sich seinerseits nicht dazu sagen. Trotzdem hört er interessiert, häufig kopfnickend oder -schüttelnd, zu. Und er sagt immer wieder „pois“ – am Schluß mit Sch gesprochen. Dieses Wort scheint eine Art Füllsel zu sein, und wie ich später bei einem Blick ins Wörterbuch feststelle, ist es das auch. „Klar“, „naja“, „also“, das alles kann es heißen und, noch dazu in Kombination mit weiteren Wörtern, einiges mehr.

Von Stund' an wird „pois“ zu meinem ständigen Begleiter. Ich wende es hauptsächlich dann an, wenn ich Interesse bekunden möchte, ohne viel von dem Gesagten verstanden zu haben, und achte darauf, Fragen, die an mich gerichtet werden, niemals mit „pois“ zu beantworten.

All das Portugiesisch, das ich im Laufe der Zeit gelernt habe, leistet mir in den verschiedensten Situationen gute Dienste. Aber kein Wort drückt so wenig aus und hat doch einen so wichtigen Stellenwert wie „pois“.

Immer geradeaus

Schon als Kind und Jugendliche habe ich sehr gern ausgedehnte Spaziergänge und Wanderungen unternommen, und diese Tätigkeiten bereiten mir bis heute unvermindertes Vergnügen. Was dies Vergnügen jedoch stark beeinträchtigt und mitunter zur Qual werden läßt, ist die Tatsache, daß ich einen bemerkenswert schlechten Orientierungssinn habe.

Obwohl ich nun schon seit über einem Jahr in Portugal in derselben Gegend lebe, bringe ich es immer wieder fertig, mich zu verlaufen. Sobald ich mich mehr als etwa einen Kilometer vom Haus entferne und vom Hauptweg abbiegen will, muß ich aufpassen, daß ich mich nicht hemmungslos verirre.

Eine wichtige Orientierungshilfe kann der Sonnenstand sein; allerdings scheint auch in Portugal nicht immer die Sonne. Zu lernen, mit dem Kompaß umzugehen, um mich nicht in der ewiggleich scheinenden Hügelwelt des Alentejo zu verirren, wäre möglicherweise sinnvoll. Aber dann käme ich mir doch allzu lächerlich vor – wie ein Mensch mit Safariausrüstung im Zoo.

Als ich neu in diese menschenarme Gegend kam, fühlte ich mich schnell verloren, völlig einsam und allein. Inzwischen weiß ich es besser: Ganz allein ist man in Portugal selten. Und wenn man es ist, bleibt es nicht lange so. Irgendwann trifft man mit Sicherheit eine freundliche Person, die gerne Auskunft erteilt und sich ihrerseits freut, jemanden ausfragen zu können.

Allerdings ist die Möglichkeit, Menschen, die sich auskennen müssen, befragen zu können, keine Garantie dafür, den richtigen Weg gezeigt zu bekommen. Mehrmals schon habe ich, wenn ich mich verirrt hatte, Leute gefragt, denen ich zufällig begegnete und die aus der Gegend waren. Von ihnen erhielt ich auf meine Frage nach dem richtigen Weg häufig die Antwort: „sempre em frente“, immer geradeaus. Natürlich kamen dann früher oder später fast jedesmal Gabelungen, Abzweigungen, Kreuzungen, und ich stand wieder vor einem schwer lösbaren Problem und schimpfte über die unmögliche Auskunft.

Neulich, als ich mich mal wieder verlaufen hatte, nachdem mir soeben der Weg erklärt worden war, lief ich schnurstracks zurück zu dem Schäfer, der mir den Weg so schlecht gewiesen hatte, und wollte ihn zur Rechenschaft ziehen. „Wieso? Ich habe dir doch gesagt, du mußt geradeaus laufen.“ – „Da geht es aber in zwei Richtungen weiter!“ – „Nein, das sieht nur so aus. Der linke Weg geht doch dann nach oben weiter über den Hügel. Den darfst du nicht nehmen. Du kannst beruhigt sein, die Auskunft war richtig. Der Weg, den du gehen mußt, ist der, der geradeaus weitergeht. Sempre em frente.“

Das Angebot

Er sei Senhor Martins, stellt sich ein Herr um die fünfzig bei mir vor, ob ich nach Hause wolle. Gerade habe ich meine jetzt-aber-wirklich-allerletzten Einkäufe verstaut und will zum Dorfplatz gehen. Von dort aus wird am Nachmittag, wie immer an Markttagen, ein Bus in meine Richtung fahren. „Natürlich möchte sie nach Hause." Ein paar Frauen, die dabeistehen, lachen. „Mit all den Einkäufen – wo soll sie da auch hinwollen."

„Senhor Martins", das ist mir kein Begriff; aber abgesehen von mir scheint ihn hier jede und jeder zu kennen. Nun stelle ich mich vor. – Mit Vornamen. Das ist hier üblich. Selbst hochgestellte Persönlichkeiten wie Ärztinnen werden mit ihren Vornamen angesprochen: „Doutora Madalena", „Doutora Emília", „Doutora Maria".

Senhor Martins verspricht, daß er in einer halben Stunde fährt. Einen Platz hat er noch frei im Auto. Ich soll unten am Taxistand warten, da kommen die anderen, die er mitnehmen wird, auch hin.

Nach einer halben Stunde finde ich mich, wie abgemacht, am Taxistand ein. Zwei alte Frauen und eine mittelalte sowie ein alter Mann sitzen schon inmitten etlicher Körbe und Taschen und warten.

Senhor Martins sei eine „boa pessoa", ein guter Mensch, wird mir berichtet. Er nehme immer Leute mit dem Auto mit, wenn er könne, nicht wie manche der Lisboetas, der Leute aus Lissabon, die ursprünglich aus der Gegend kommen und es in der Stadt zu was gebracht haben. Die grüßen zwar noch all die Leute, die sie von früher her kennen, und an keinem Markttag fehlen sie, wenn sie mal wieder in der Heimat sind, aber wenn es dann nach Hause geht, sitzen sie allein in ihren geputzten

Autos. – Der einzige Nachteil bei Senhor Martins ist, daß er sich immer so verspätet. Wenn er sagt, „eine halbe Stunde“, muß man mindestens mit einer rechnen.

So ist es dann auch. Nach zwei Stunden kommt er, entschuldigt sich kurz, daß er uns so lange hat warten lassen, und „vamos“. Gehen wir; beziehungsweise: fahren wir.

In den letzten anderthalb Stunden habe ich ziemlich viel über den richtigen Zeitpunkt des Kartoffelpflanzens erfahren, daß der Kunstdünger auch immer teurer wird und man von Jahr zu Jahr mehr davon brauche. In diesem Punkt besteht allerdings Uneinigkeit. Vor allem der alte Mann, dem, da er schlecht hört, das Wichtigste immer sehr deutlich und langsam, vor allem aber laut wiederholt wird, ist nicht dieser Ansicht. Daß es sich kaum mehr lohnt, Kartoffeln selber anzubauen, darüber wiederum sind sich alle einig. Wenn man all die Arbeit bedenkt und den teuren Dünger noch dazu, dann zahlt man eher noch drauf. Dafür weiß man, was man hat. Und das ist bei den gekauften Kartoffeln anders, da weiß man nie, wo die wirklich herkommen. Und reingucken kann man in die auch nicht. Da kauft man einen ganzen Sack und staunt noch darüber, daß der so billig abgegeben werden kann. Wenn man Pech hat, ist die Hälfte innen faul, und man hat Schweinekartoffeln gekauft. Gespart ist da nichts. So sieht's aus. Genauso ist es. – Das Kartoffelthema ist hiermit ausgeschöpft.

Als nächstes tauschen sich die Frauen über den Gesundheitszustand verschiedener Angehöriger und gemeinsamer Bekannter aus. Ich schalte ab. Erst als ich das Wort „dentista“, Zahnarzt, identifiziere, werde ich wieder munter. Eine meint gerade, wie ärgerlich es ist, daß es hier in der Gegend keine Zahnärzte gibt, man jedesmal, wenn etwas ist, gleich eine Tagesreise nach Leiria unternehmen muß. Das kann ich bestätigen. „Vor allem, wenn es nur um eine Kleinigkeit geht, ist das unangenehm", trage ich zur Unterhaltung bei. „Wegen einer Kleinigkeit zum Zahnarzt?" wundern sich die Frauen und lachen dann; aiai, wegen einer Kleinigkeit geht hier niemand zum Zahnarzt. Da geht man hin, wenn der Zahn richtig schmerzt. Dann geht man da hin. Vorher nicht. Aber es ist was dran, an dem, was ich sage. Hier in Portugal, in den Städten, machen das die Leute inzwischen auch, lassen sich die Zähne reparieren. Aber hier auf dem Land doch nicht. Da läßt das kein Mensch machen. Zähne reparieren, das ist was für Reiche. Arme kriegen die Zähne gezogen.

Der alte Mann will nun offensichtlich sein Gebiß herausnehmen und zeigen, wird aber von einer der Frauen, die dem Aussehen nach seine Tochter sein könnte, daran gehindert.

Nun werde ich ausgefragt. Wie viele Kinder ich habe, wie alt sie sind. Wie alt ich bin. Ob ich einen Mann habe. Wo ich Portugiesisch gelernt habe. Zu meiner Verwunderung sind hier aber vor allem meine Eltern von Interesse – ihr Alter, Beruf, Gesundheitszustand, und was sie dazu sagen, daß ich so weit weg in ein anderes Land gegangen bin. Ich bin froh, als ein Hund ankommt und sich allzu sehr für einen neben den Körben abgestellten Karton zu interessieren beginnt. Darin sind Küken untergebracht, und von jetzt an geht es um Hühner.

Der alte Mann ist müde. Er sitzt mit halb geschlossenen Augen und leicht geöffnetem Mund da. Die Unterhaltung wird nun leiser und etwa doppelt so schnell weitergeführt. Viel verstehe ich nicht davon. Außerdem wird mir langsam langweilig, und ich bin froh, als Senhor Martins endlich auftaucht.

Da ich die letzte sein werde, die aussteigt, werde ich hinten in der Ecke plaziert. Die dickste Frau sitzt mit den Küken und zwei großen Körben vorn. Wir anderen drängen uns auf der Rückbank.

Ob es so geht, will Senhor Martins wissen. Natürlich geht es.

Nach fünf Kilometern steigen die zwei ersten der Mitgenommenen aus, nach zwölf die beiden anderen. Ob ich nicht vorkommen will, fragt Senhor Martins. Immerhin seien es noch elf Kilometer bis zu mir nach Hause. Eigentlich würde ich lieber hinten sitzen bleiben. Da das jedoch vermutlich sehr unhöflich wäre, steige ich doch nach vorne auf den Beifahrersitz um. Hier in dem ganzen großen Gebiet kennt er sich sehr gut aus, beginnt Senhor Martins ein Gespräch mit mir. Er stammt aus dieser Gegend, und er hat sein ganzes Leben hier verbracht, von der Kriegszeit in Angola abgesehen. Er kennt hier alle und alles. Die ganze Region. Ob es mir hier gefällt, will er wissen. Warum wir hergezogen sind. Ob die Kinder schon zur Schule gehen. Nach dem Befinden der Familie erkundigt er sich besonders ausführlich – alle gesund? Meine Eltern auch? Ja, Gesundheit, das ist das Wichtigste im Leben. Wenn man jung ist, interessiert einen sowas alles ja nicht. Aber wenn man dann älter wird, dann denkt man da auf einmal dran. – Von meinen Kindern hat er schon gehört. Die sollen ja lustig sein. Und ziemlich wild. Richtige Jungs eben.

Ob wir Landwirtschaft betreiben, fragt Senhor Martins. Nein, aber wir haben einen Garten. Das hätte ich nun lieber doch nicht hinzugefügt. Mit ein paar schmächtigen Erdbeerpflanzen, mickrigen Erbsen und kümmerlichem Salat ist kein Staat zu machen. Ob wir Olivenbäume haben, Kartoffeln, Wein. Nur fünf Olivenbäume? Da reicht uns das Öl doch nie und nimmer! Und die Trauben essen wir alle auf? Das ist doch unmöglich. Unser Vorgänger hat immer Wein gemacht, jedes Jahr, viele Liter, auch wenn die Ernte noch so schlecht war. Daß wir eben viel Obst essen, erkläre ich, viele Kilos, auch wenn die Ernte noch so schlecht ist. Aber was wir haben, sind doch gar keine Eßtrauben! Mag sein, aber essen kann man sie. – Das muß ich ihm lassen, der Mann kennt sich wirklich gut aus. Wohnt fast dreißig Kilometer von uns entfernt und weiß, was wir für Trauben haben!

Einen halben Sack Kartoffeln haben wir nur gepflanzt? interessiert er sich weiter. Da wird uns die Ernte doch niemals reichen, selbst wenn sie prächtig ausfallen sollte, was aber, wenn man neu anfängt, so gut wie nie der Fall ist.

Senhor Martins hat alles im Übermaß, erzählt er mir – Kartoffeln, Olivenöl, Wein. Er hat zwei Häuser, eine Wohnung bei Tomar, zwei erwachsene Töchter, einen Enkel. Die Töchter sind gut verheiratet, Gott sei Dank.

Und die Frau? will ich wissen. Ja, das ist es ja eben. Die Frau ist nicht gesund, die Ärmste. Arbeiten kann sie noch, Haushalt, kochen, im Garten, den Enkel betreuen, wenn die Tochter arbeiten geht, das alles geht. Beschweren kann er sich nicht, sie ist eine gute Frau. Aber sie ist nicht gesund. Sie hat irgend ein „bicho". – Igitt. Bichos sind Würmer. Sofort fällt mir ein: viel Knoblauch, Karotten, Rohkost. Eine Wurmkur, wenn alles nichts nützt. Nur: muß der Kerl mir sowas Ekliges erzählen? Ich weiß nicht mal, wie die Frau des Senhor Martins aussieht, aber über das, was sich in ihrem Verdauungstrakt tut, habe ich schon erste Informationen. Über die „bichos" will ich nichts Genaueres wissen. Also erkundige ich mich nach der Diät der Gattin. Ja, eine Diät hat sie gemacht, war auch schon bei einem Spezialisten in Lissabon, aber es hat alles nichts genutzt. So ist das Leben. Da kann man nichts machen.

Er, setzt Senhor Martins das Gespräch nach einer kurzen Pause fort, ist ja auch nicht mehr der Jüngste. Aber, und nun setzt er eine wichtige Miene auf, ein Mann ist er immer noch.

Und die Frau will und kann eben nicht mehr so, schon wegen ihres Gesundheitszustandes. Aber alt ist man ja mit dreiundfünfzig noch nicht. Oder ist man das? Seine Frau jedenfalls ist einverstanden, deswegen brauche ich mir keine Sorgen zu machen. Ob ich weiß, was er meint?

Mein „ja, aber ...“ unterbricht er mit dem Satz, daß er mir erst erklären will, um was es geht, „explicar como é“, und danach kann ich dann reden.

Mit meinen dreißig oder fünfunddreißig bin ich ja noch jung, im besten Alter sozusagen. Senhor Martins hat sich umgehört und weiß, daß ich eine anständige Person bin, die sich nicht herumtreibt. Ich bin gesund. Meine Kinder sind ebenfalls gesund. Und sie sind nett und höflich, hat er sich sagen lassen. Ich habe mein Leben im Griff. Die ganze Familie ist intelligent. Aber: wir haben nicht viel.

Nun bringt er seinen Vorschlag an: Zweimal in der Woche komme ich in seine Wohnung bei Tomar, von abends bis morgens. Pünktlich, um das Frühstück zubereiten zu können, werde ich wieder zu Hause sein. Und jeden zweiten Sonntag komme ich ebenfalls dorthin, von Samstagabend bis Montagfrüh. Er fährt mich dann auch immer nach Hause.

Ich brauche mir keinerlei Gedanken zu machen, versucht Senhor Martins mögliche Bedenken schon im Vorhinein aus dem Weg zu räumen, er sei sehr sauber. Auf jeden Fall würde er Präservative benutzen, schon im eigenen Interesse. Ich könne also vollkommen beruhigt sein.

Und folgendes hat Senhor Martins für ein Jahr zu bieten: acht Sack Kartoffeln, fünfzehn Kisten Orangen. Seine Orangen, vor allem die Sommerorangen, sind besonders gut, groß, saftig, dünne Schale, kaum Kerne. Die Kinder essen doch so gerne Obst, und es ist ja auch wirklich sehr gesund. Außerdem bekomme ich dann alle zwei Wochen eine Fünfliterflasche Wein, von seinem selbstgemachten, abwechselnd weißen und roten oder nur roten, wie ich will. Im September, wenn es den neuen Wein gibt, kriege ich einen Zehnliterkrug extra. Jede Woche kann ich ein Dutzend Eier bekommen oder stattdessen alle zwei Wochen eine kleine Flasche Olivenöl. Wäsche könnte ich in der Wohnung auch waschen, zwei bis drei Maschinen pro Woche, jedesmal eine. – Er hat doch wirklich an alles gedacht, fügt er stolz und lachend hinzu. Er jedenfalls findet, das ist ein faires Angebot: Uns wäre geholfen, er hätte auch was davon. Ich soll mir überlegen, was ich davon halte, es hat ja keine Eile.

Ich bedanke mich, sage aber prompt und sehr bestimmt, daß ich kein Interesse an seinem Angebot habe. – Ich soll nicht gleich ablehnen, meint er, sondern nochmal darüber nachdenken, mir das ganz in Ruhe durch den Kopf gehen lassen. Eine solche Entscheidung sollte man nicht übereilt treffen. In zwei Wochen ist wieder Markttag. Da können wir nochmal darüber reden.

Senhor Martins schweigt. Mir ist, als habe ich mich in den letzten Minuten in einem Traum oder Film befunden und käme nun Schritt für Schritt zurück ins normale Leben.

Nur einmal weist mich Senhor Martins auf eine Bauruine hin, die ein ganzes Stück entfernt auf einem Hügel steht. Eigentlich sollte dort ein Altersheim entstehen, dann hieß es, es würde eine Diskothek eingerichtet. Für beides wurde die Baugenehmigung verweigert. Und jetzt steht eben die Ruine da. „É a vida." So ist das Leben.

Zum Abschied gibt er mir die Hand und fragt, ob ich meine ganzen Taschen und Tüten die letzten dreihundert Meter alleine tragen kann. Und das mit dem Angebot, wie gesagt, er meint das ernst. Ich kann mich auch gerne bei anderen Leuten nach ihm erkundigen, da gibt es überhaupt kein Problem. Aber ich soll darüber nachdenken.

Das mache ich in der Tat, die Sache geht mir nicht so schnell aus dem Kopf.

Daß ich mich nicht auf dieses Angebot einlassen werde, steht außer Frage. Natürlich bin ich auch um meinen guten Ruf besorgt. Noch wesentlicher aber ist: Die Vorstellung, Senhor Martins anzufassen, und, schlimmer noch, von ihm angefaßt zu werden, finde ich widerlich. Außerdem gehe ich nicht gerne Verpflichtungen ein, und mich langfristig auf Termine festzulegen, käme sowieso nicht in Frage. Abgesehen davon müßte ich einen Babysitter finden, der bezahlt sein wollte und – zweifelsfrei das größere Problem – mit den Kindern klarkommen müßte, und zwar mit allen.

Mir fällt auf, daß ich mir in Anbetracht der Tatsache, daß ich gleich wußte, daß ich Senhor Martins' Vorschlag ablehnen werde, aber sehr viele, detaillierte Gedanken darüber mache. Genaugenommen ist dies Angebot eine Unverschämtheit. Trotzdem: ganz so einfach scheint mir das doch nicht zu sein. Von seiner Warte aus hat er sicher recht, und es ist ein faires Angebot. Was mich am meisten erstaunt, ist die Selbstverständlichkeit, mit der er mir seinen Vorschlag unterbreitet hat – weder schmierig noch anzüglich; das war ein Geschäftsgespräch über einen Handel, nicht mehr und nicht weniger.

Noch ganz benommen, erzähle ich Ana Paula, einer portugiesischen Freundin, von dem Vorschlag, der mir da in allen Feinheiten unterbreitet worden ist. Sie ist weit weniger verwundert und empört, als ich erwartet hatte. Früher sei so etwas teilweise üblich gewesen, heute allerdings so gut wie nicht mehr. Der Mann stamme eben noch aus den alten Zeiten, wie viele hier.

Und noch etwas ganz anderes erfahre ich von Ana Paula: Was den Gesundheitszustand der Frau von Senhor Martins angeht, so seien die „bichos“ vermutlich keine Würmer, sondern vielmehr handele es sich wahrscheinlich eher um ein Geschwür, „bichoco“. Nicht, daß das wesentlich wäre, aber ich weiß nun wieder ein bißchen mehr.

Die Zahlen eins bis neun

Auf dem Rückweg vom Dorfladen treffe ich meine beiden Jüngsten, die gerade aus der Schule kommen.

Alle zusammen begegnen wir einer alten Frau.

„Na, ihr kommt wohl von der Schule?"

„Ja."

„Da geht ihr sicher gerne hin."

„Geht so. In die Schule schon. Aber in den Unterricht gehen wir nicht gerne. Nur in die Pausen. Die sind gut."

„Ihr habt Glück, daß ihr heute Kinder seid. Heute lernen alle Kinder was. Als ich klein war, war das nicht so. Wir waren eine ganz arme Familie, noch ärmer als die meisten anderen Leute im Dorf. Immer haben wir gearbeitet, von morgens bis abends. Und gegessen haben wir Kohl und Kartoffeln, tagein, tagaus. Manchmal gab es Olivenöl dazu, aber oft auch nicht. Fleisch oder Fisch hatten wir nur zu Weihnachten und zu anderen besonderen Festen wie Hochzeiten oder Taufen. Manchmal hat mir meine Patentante ein Glas Milch oder ein Ei geschenkt. Das war damals eine Kostbarkeit. – Ich wäre so gerne in die Schule gegangen und hätte was gelernt. Aber ich durfte nicht. Bei uns gab es eben nur Arbeit. So bin ich dumm geblieben."

„Bist du wirklich dumm?" fragt eines der beiden Kinder ergriffen.

„Ja. Ganz dumm."

„Das kann doch gar nicht sein. Jeder weiß irgendwas."

„Schon. Ich weiß zu arbeiten. Aber ich kann nicht lesen und nicht schreiben, noch nicht einmal meinen Namen."

„Aber rechnen kannst du bestimmt."

„Nein, das kann ich auch nicht."

„Aber zählen kannst du doch."

„Ein bißchen."

„Bis drei?"

„Mehr. Bis neun. Eins, zwei, drei, vier, fünf, sechs, sieben, acht, neun."

„Weiter nicht? Nicht bis zehn?" – „Nein, nur bis neun." – „Dann bist du ja wirklich dumm!"

„Ja, nicht wahr?"

Am liebsten würde ich im Boden versinken. Aber die alte Frau wirft den Kopf zurück und lacht laut und fröhlich los. Die Kinder lachen mit. Dann verabschieden sie sich, laufen um die Wette. „Du hast aber lustige Kinder! Und gut erzogen sind sie auch." Als sie meinen zweifelnden Blick sieht, muß sie nochmal lachen, „doch, wirklich," bestätigt sie und fügt hinzu: „Deine Kinder gehen sauber in die Schule. Sie grüßen immer, und sie unterhalten sich mit den Leuten. Schließlich leben wir hier im gleichen Dorf, sind alle mehr oder weniger Nachbarn. Da ist es wichtig, daß wir uns gegenseitig respektieren, uns grüßen und miteinander reden. Für das Herz und die Sehnsucht bleibt die Familie."

Die alte Frau und ich versichern uns gegenseitig, daß wir uns freuen, uns kennengelernt zu haben. Zum Abschied ergreift sie meine Hände und drückt sie.

Nachdenklich gehe ich nach Hause.

Chapéu

Heute ist einer von diesen Tagen, an denen gar nichts klappt, wie es soll. Als ich den Frühstückstee für die Kinder kochen will, geht das Gas zu Ende. Die Schüssel mit Joghurt rutscht mir aus den Händen und zerbricht. Mir beim Brotschneiden in den Finger zu schneiden und dann kein Pflaster zu finden, bleibt mir erspart. Ich finde das Pflaster.

Ich fühle mich gewarnt. Dennoch verläuft der weitere Vormittag zunächst ohne Zwischenfälle.

Sogar Post kommt heute. Der Briefträger bringt einen Brief für Ana Maria Carvalho Duarte. So heiße ich nicht, habe ich noch nie geheißen, werde ich nie heißen. Was für eine Entschuldigung also kann ich dafür geltend machen, daß ich den Umschlag geöffnet habe? Keine. Am einfachsten – wenn auch nicht am korrektesten – wäre es, das Schreiben kurzerhand verschwinden zu lassen. Schließlich passiert es immer wieder mal, daß ein Brief nicht seinen Weg zu dem eigentlichen Adressaten findet. Da der Umschlag sowieso aufgerissen ist, kann ich auch gleich mal nachschauen, um was es überhaupt geht. Wie unangenehm – es handelt sich um eine Mahnung. Ana Maria hat eine Rechnung nicht bezahlt. Bis vor kurzem hätte mir das vollkommen egal sein können. Da wußte ich noch nicht einmal von der Existenz einer Dame dieses Namens. Bloß, weil ein Brief falsch ausgeliefert wurde und ich den dummerweise geöffnet habe, ohne ihn mir genauer angeschaut zu haben, habe ich nun ein Ärgernis mehr als Hals. Warum hat Ana Maria sich aber auch nicht rechtzeitig um das Bezahlen gekümmert? Vermutlich ist sie einfach eine alte Schlampe. Zweihundertneunzig Escudos ist sie schuldig geblieben. Keine vier Mark sind das. Daß über solche geringen Beträge überhaupt Rechnungen und

Mahnungen verschickt werden! Ich kenne die Frau zwar nicht, aber daß sie das Geld nicht auftreiben kann, ist so gut wie unmöglich. Wahrscheinlich ist sie ungenau, unordentlich, irgendetwas in der Art. Vielleicht kann sie ja auch nicht lesen? Selbst wenn es so sein sollte: Irgend jemanden, der lesen kann, wird sie wohl kennen. Nun, jetzt wird Ana Maria mal die Quittung für ihre Liederlichkeit bekommen. Beziehungsweise: sie bekommt sie eben nicht. Wahrscheinlich kriegt sie demnächst Ärger deswegen. Sei's drum. Manche lernen's eben nur so. Dann kümmert sich das nächste Mal vielleicht beizeiten um ihre Angelegenheiten!

Teresa, meine Nachbarin, ruft. Schnell stopfe ich den Brief in die Hosentasche. Unsere Katze hat ihren Keller vollgekotzt. Vielleicht hat sie ja Gift gefressen. „War das ganz bestimmt unsere Katze?" - „Ja. Das war sie; mit absoluter Sicherheit." Die Nachbarin kam gerade dazu, als unsere Katze aus dem Kellerfenster sprang. Dann ist die Katze weggegangen – ganz langsam. Darüber hat sich die Nachbarin noch gewundert. Aber als sie dann in den Keller kam, war ihr alles klar. „Geh und schau dir's selber an. Eine Riesensauerei!" Leider hat sie recht. Ich entschuldige mich, mehrfach und aufrichtig. Und natürlich putze ich den Nachbarkeller, mit viel Wasser und sehr viel Putzmittel. Währenddessen habe ich reichlich Gelegenheit, mir zu überlegen, was ich Schnelles, Billiges, Gesundes und Wohlschmeckendes zum Mittagessen kochen könnte. Das Ergebnis wird niemanden begeistern – Kohleintopf von gestern mit Spiegelei. Nicht unmäßig wohlschmeckend, aber schnell, billig und einigermaßen gesund.

Als die Putzaktion endlich beendet ist, entschuldigt sich die Nachbarin so ausführlich bei mir, als hätte sie in meinen Keller gekotzt, nicht meine Katze in ihren. „Schon gut", sage ich, sehr bemüht, diesen Worten einen herzlichen und beruhigenden Klang zu verleihen. Jetzt bloß kein langes Palaver. Ich hab's eilig.

Der Kohleintopf wird reichen. Der schmeckt zwar niemandem besonders, aber gegessen wird er allemal. Dafür werde ich mir voraussichtlich lang und breit anhören müssen, warum gerade dieses Essen heute ja überhaupt nicht so besonders gut schmeckt. Selber schuld. Schließlich habe ich immer darauf bestanden, daß das, was auf den Tisch kommt, nicht mit „pfui" oder „igittigitt" zu bezeichnen sei.

Ich schließe die neue Gasflasche an, vergewissere mich, daß es keine undichten Stellen gibt, an denen Gas ausströmt.

Schon wieder ruft Teresa. Ich stürze zur Tür, reiße sie mit einem Ruck auf. Die Nachbarin erschrickt, und sofort fühle ich mich etwas besser. Irgendetwas von „chapéu" sagt sie, zeigt auf ihren Garten. Chapéu. Das ist, wenn mich nicht alles täuscht, ein Regenschirm. Sollte einer unserer wenigen Regenschirme auf ihrem Grundstück gelandet sein? Das kann ich kaum glauben. In diesen Garten kommen wir nie, und unsere Regenschirme bewahren wir zwar an alles möglichen Orten auf, aber Nachbars Garten gehört meines Wissens nicht dazu.

Bevor es aufgrund meiner immer noch ziemlich begrenzten portugiesischen Sprachkenntnisse zu vermeidbaren Mißverständnissen kommt, schaue ich am besten sofort im Wörterbuch nach, was „chapéu" heißt. Hut. Genau: Das habe ich schon mal gewußt.

Diese Kinder! Immer schmeißen sie alles herum. Es ist jedesmal das gleiche. Sobald etwas nicht gebraucht wird – wie Sonnenhüte in der Regenzeit – wird es achtlos herumgeworfen. Vom Winter bis zum Sommer denken die Kinder nicht; daß Hüte, die jetzt im Freien vergammeln, im Sommer fehlen könnten, haben die Kinder nicht im Kopf. Das haben sie nicht nötig. Das haben sie tatsächlich nicht, und wenn ich daraus schon einen Vorwurf konstruieren wollte, müßte ich den genaugenommen an mich selbst richten.

„Wo ist der Hut?“ frage ich ungeduldig. Die Nachbarin guckt, als müßte ich mich freuen. Schon komme ich mir unhöflich vor. „Der Hut ist in meinem Garten. Ich komme mit.“ Wie sie meint. Es geht mir kolossal auf die Nerven, daß sie derart viel Aufhebens von einem verregneten Sommerhut macht. Auf Teresas schwatzende Begleitung lege ich gerade nicht den geringsten Wert und stürme vorneweg. Weit und breit ist kein Hut zu sehen. Der muß schon seit Wochen herumliegen und dürfte mittlerweile erdfarben sein. Den Garten nach einem schwarz und vermutlich unbrauchbar gewordenen Strohhut abzusuchen, fehlt mir im Moment eigentlich die Geduld. Also mache ich's kurz. Der Garten ist klein, übersichtlich. Im Eilschritt renne ich die Beete entlang. Nichts. Ich fühle mich reingelegt. Auch wenn die Frau mich vielleicht netterweise aufheitern wollte: Heute finde ich solche Witze nicht zum Lachen. Ich beginne, mich in Wut auf diese alberne Ziege hineinzusteigern. Ich raune ihr noch kurz und giftig zu: „Da ist nichts. Gar nicht ist da“, und laufe zurück zum Haus.

Keine fünf Minuten später fliegt die Tür auf, die Kinder kommen zur Mittagspause nach Hause. Gummistiefel, Anoraks, unterwegs gefundene Stöcke füllen Stühle, Tisch und Fußboden. Ich schnappe nach Luft, will schimpfen. Die Kinder sind schneller. „Guck mal, was uns die Nachbarin gerade geschenkt hat!“ Vorsichtig wird ein riesiger Speisepilz auf den Tisch gelegt, der trotz seiner Größe sehr lecker aussieht – fest und wurmfrei. „Und? Hat die Nachbarin gesagt, was für ein Pilz das ist?“ – „Nein. Sie hat nur chapéu gesagt. Sonst nichts.“

Die Leiter

Zwei Leitern haben wir – eine kleine mit fünf Sprossen und eine große mit zwölf. Ähnlich sieht es bei unseren Nachbarn aus: Genau wie wir haben sie eine lange Leiter und außerdem noch eine mittlere mit acht Sprossen. Wenn sie eine kleine brauchen oder wir eine mittlere, helfen wir uns gegenseitig aus. Besonders jetzt, während der Olivenernte, ist das häufig der Fall.

Wenn es, wie in diesem Jahr, reichlich Oliven zu ernten gibt, ist richtig was los im Dorf. Wer hier in der Gegend Arbeit gefunden hat, nimmt sich Urlaub für die Ernte, wenn er kann. Es reisen Fortgezogene, nahe und mitunter auch entferntere Verwandte der wenigen hier noch verbliebenen Dorfbewohner an. Wo man auch hinkommt, mit wem immer man zu tun bekommt, es gibt eigentlich nur ein Thema, das wirklich von Interesse ist: Oliven. Olivenöl ist kostbar, entsprechend bedeutsam ist die Ernte, zumal es lohnende Ernten nur alle zwei Jahre gibt.

Heute morgen sieht es nach Regen aus; vermutlich sind deshalb alle Leute noch ein wenig früher als sonst auf den Beinen. Ich bin gerade dabei, mich anzuziehen, als ich Teresa, meine Nachbarin, nach mir rufen höre. Die Nachbarn brauchen unsere kleine Leiter, ob wir die nicht bis zum Mittag mit der ihren tauschen könnten. Das trifft sich, denn genau die habe ich zum Abernten unseres letzten Baumes sowieso ausborgen wollen.

Nach drei Stunden habe ich auch die allerletzten Oliven vom allerletzten Baum geholt. Der Wind hat sich gelegt, die Wolken sind verschwunden, und die Sonne scheint. Ich koche mir einen Tee und mache es mir auf der Treppe gemütlich. Rundum die

Leute sind noch zugange, ich höre sie rufen, singen, sich unterhalten. Vier Säcke Oliven sind es bei uns geworden. Manche haben zwanzig oder dreißig.

Während ich dasitze und mich frage, ob ich unsere Oliven wohl ausreichend gesalzen habe, kommt ein älterer Mann, der hinkt und den ich noch nie gesehen habe, zu unserem Haus. Er fragt, ob ich ihm wohl für eine halbe Stunde unsere Leiter leihen könnte. Ja, klar, die große kann er gerne mitnehmen. Ob ich ihm beim Tragen helfen soll. Nein, eine gar so große braucht er nicht. Die dort drüben, die wäre genau richtig. Er zeigt auf die Nachbarleiter. „Das ist nicht unsere Leiter, aber für eine halbe Stunde ausleihen, das geht in Ordnung, denke ich." „Wir brauchen sie nur für den einen Baum, gleich da oben. In einer halben Stunde bringen wir die Leiter wieder, und wenn sie vorher gebraucht wird, sagt ihr Bescheid." Wenn das so ist, kann es eigentlich gar keine Probleme geben, zumal die Nachbarn am anderen Ende des Ortes bei der Ernte sind und erst zum Mittagessen zurückkommen werden. Wenn sie die Leiter wider Erwarten doch brauchen sollten, kann ich sie ja sofort holen.

Als ich nach einer knappen Stunde aus dem Garten komme, steht die Leiter wirklich wieder da.

Nach dem Mittagessen kommt Teresa ganz aufgeregt mit unserer Leiter an. Sie betont, wie gut unsere Leiter behandelt worden ist, gerade so, als ob es die eigene wäre. Die ihre inspiziert sie beleidigend gründlich und läßt sich unter ständigem Wiederholen der gleichen Sätze darüber aus, daß die Leiter Gott sei Dank nicht kaputtgegangen oder schmutzig geworden ist. Keine Frage, Teresa ist aufgebracht. Ich würde sie gerne fragen, warum, aber sie läßt mich nicht zu Wort kommen. Erbarmungslos belehrt sie mich weiter: So eine Leiter hat ihren

Wert. Noch dazu ist das ein Gegenstand, den man ständig braucht, für die Olivenernte sowieso, aber auch sonst. Etwas derart Wichtiges verborgt man nicht so ohne Weiteres und schon gar nicht an jeden. Man leiht selbstverständlich gern etwas aus, wenn man weiß, die Leute achten die Dinge und die Menschen, denen sie gehören. „Aber es gibt Leute – da macht man sich kein Bild von – die sind ganz anders. Die haben vor nichts und niemandem Respekt. Leihen sich zum Beispiel eine Leiter und werfen sie herum. Bringen sie schmutzig zurück. Lassen sie im Regen liegen. Zerbrechen Sprossen und behaupten, die wären schon morsch gewesen. Und wenn man dann ganz freundlich fragt, was denn mit der Leiter ist jetzt, da bekommt man freche Antworten. Die Welt ist nun mal nicht voller guter Menschen. Nein, wirklich nicht. Es gibt solche und solche. Leider. Aber so ist es."

Ich habe begriffen: Es war ein fundamentaler Fehler, die Leiter der Nachbarn einfach weiterzuverleihen. Aber warum? Die Leiter ist nur kurz ausgeliehen und sofort nach Gebrauch zurückgebracht worden – sauber und unversehrt. Es kann also nicht am Zustand der Leiter liegen, daß Teresa derart grantig ist. Der Grund für ihre Erbitterung muß woanders zu finden sein – bloß wo?

Noch immer betrachtet Teresa mit Argusaugen ihre Leiter. Wenigstens scheint sie die Angelegenheit jetzt endlich auf den Punkt bringen zu wollen: Ob wir die Leiter vielleicht weiterverliehen hätten? „Ja, schon, aber nur für eine halbe Stunde, an einen älteren Mann, der sie da oben auf der Wiese, wo die vielen Olivenbäume stehen, zum Abernten gebraucht hat." – „Ist das so einer mit einem etwas kürzeren Bein und blauen Augen?" – „Ja." Das sei noch der Netteste von dem ganzen Haufen. „Eben, er hat auch sehr freundlich gefragt", wage ich zu bemerken. „Ja. Das glaube ich. Aber täusche dich nicht; zu seiner Familie gehört er trotzdem. Und das ist keine gute Familie, das kannst du mir glauben. Auch wenn der Mann noch so nett ist und für sich allein gesehen sehr sympathisch sein mag, er ist einer von denen, und die sind alle vom selben Blut. Du bist nicht von hier, deshalb kennst du dich auch nicht aus. Aber du wirst noch an meine Worte denken und sehen, daß ich recht habe. Der Mann ist nett, das ist wahr, aber seine Familie ...! Mein Gott, eine schlechte Familie ist das. Und ich weiß, wovon ich spreche."

Teresa schaut sich um und tritt noch einen Schritt näher an mich heran: „Als ich Kind war, haben wir direkt nebeneinander gewohnt. Meine Eltern und die Tante von dem Mann, der vorhin die Leiter geholt hat, waren direkte Nachbarn. Meine Eltern hatten damals Schweine, und wenn es regnete, floß manchmal die Gülle an dem Haus von der Tante vorbei. Die Tante, Rosário hieß sie, wohnte unterhalb von uns. Es ging den Berg runter, und irgendwo mußte das alles ja hin. Das hat sie geärgert. Statt nun erstmal was zu meinen Eltern zu sagen, rannte sie gleich zur Polizei. Es gab einen Riesenärger. Meine Eltern mußten Strafe zahlen. Das hat sie hart getroffen. Wir waren neun Kinder, sind oft kaum satt geworden. Da war das schon ein Schlag. Und das alles für nichts und wieder nichts. Als einige Tage später ein paar von Rosários Hühnern tot im Hof lagen, hieß es, die hätte mein Bruder vergiftet. Der ist dann, kaum daß ihm das zu Ohren gekommen war, sofort rübergegangen und hat der Frau die Meinung gesagt. Deren Sohn wollte sich daraufhin gleich mit meinem Bruder prügeln. „Du kennst meinen Bruder?" – „Nein, den kenne ich nicht." – „Nein? das ist so ein Großer, sehr kräftig. Ein guter Mensch. Er hat ein goldenes Herz, und er tut keiner Fliege was zuleide.

Aber bitte, wenn einer drauf besteht, feige ist mein Bruder nicht. Der hat Fäuste, die zuschlagen können, wenn's denn sein muß. Das weiß ich. Zum Glück bin ich drei Jahre älter als er. Als Kind war der ganz wild. Aber mir hat er nie was getan. Jedenfalls bestand Rosários Sohn auf Prügel, und die hat er dann auch bekommen. Daß mein Bruder gewinnen würde, stand schon nach einer Minute fest. Das konnte die Alte einfach nicht ertragen. Also hat sie den Besen geholt und wollte sich einmischen. Da hat ihr mein Bruder den Besen weggenommen und sie ins Haus gejagt. Die ist gerannt! Später hat ihr Mann dann heimlich ein Stück von unserem Zaun versetzt, und sie haben unsere Blumen zertrampelt." Teresa schweigt, und mir fällt auch nichts Passendes ein, was sich drauf sagen ließe. Nach einer Weile fügt sie abschließend hinzu: „Sag selbst: ist das vielleicht ein respektvoller Umgang mit dem Eigentum anderer?"

Zugegebenermaßen: ich bin beeindruckt. Mit diesen Aspekten des Landlebens bin ich bislang noch nicht in Berührung gekommen. Und Teresa habe ich noch nie so in Fahrt erlebt. Zu meiner großen Erleichterung hat ihr eigener Bericht und dessen Wirkung auf mich sie offensichtlich beruhigt. Sie scheint gewillt, Gnade für Recht ergehen zu lassen: „Dieses Mal ist es ja zum Glück gutgegangen. Aber wie du siehst, kann man gar nicht vorsichtig genug sein!" – So also ist das hier.

Wie oft habe ich schon gehört, daß früher alles anders und in vieler Hinsicht besser gewesen sei. Da lebte man nicht so wie heute nebeneinander her; man kannte sich, brauchte sich. Gute Nachbarschaft war kein Luxus, sondern eine Lebensnotwendigkeit. Je weniger die Menschen eines Dorfes aufeinander angewiesen sind, desto mehr verliert zwangsläufig das dörfliche Miteinander an Wert.

Das alles mag zutreffen. Und doch schleicht sich bei mir der Verdacht ein, daß es keine Paradiese waren, die dem Fortschritt zum Opfer gefallen sind.

Respekt

Respeito não é um favor
é um dever.

[Wer Respekt zeigt, tut niemandem einen Gefallen,
sondern seine Pflicht.]

Eines der Worte, das ich in Unterhaltungen, die auf Portugiesisch geführt wurden, zuerst erkannt habe, ist „respeito", Respekt. Allerdings hat es noch viel mehr Bedeutungen wie: Rücksicht, Achtung, Verehrung, Ehrfurcht, Verhältnis, und, im Plural benutzt, sind es Grüße. Weiterhin kommt „respeito" vor in Wendungen wie „das geht mich nichts an", „davon weiß ich ein Lied zu singen", „was mich betrifft". Und dann gibt es natürlich noch „falta de respeito", die Respektlosigkeit.

In der Schule wird Respekt verlangt, allerdings nicht nur von den Schülern gegenüber den Lehrern, sondern auch umgekehrt. Lehrer, die es an Respekt vor den Schülern fehlen lassen, machen sich unbeliebt. „Respeito" ist ein wichtiges Kriterium für nachbarschaftliches, eheliches, familiäres Zusammenleben. Alte haben ein Anrecht darauf. Und wenn Jugendliche sich bei einem Busfahrer darüber beklagen, daß er es an Respekt gegenüber den Fahrgästen fehlen lasse, wundere nur ich mich. Sogar in einer im Deutschen unmöglichen Verkleinerungsform taucht „Respekt" als „respeitinho" auf, wobei das h wie j gesprochen wird. „Dir fehlt es an Respektchen", mit blitzenden Augen hervorgezischt, muß wohl soviel heißen wie: „Dir fehlt's wohl ein klein wenig an Respekt!"

Wenn ich mich als erheblich sprachbegabter erweise als bisher angenommen, wenn ich regelmäßig und begeistert lerne und außerdem Glück habe, werde ich eines Tages in Gesprächen vielleicht so gut wie alle Wörter erkennen können. Aber dahin, die Sprache zu verstehen, werde ich vielleicht trotzdem nicht gelangen. Da brauche ich nur mal an all diese Verkleinerungen an den für mein Empfinden seltsamsten Stellen zu denken – ob ich die jemals anwenden werde? „Bei Verkleinerungsformen handelt es sich oft um Verniedlichungen, aber beileibe nicht immer", habe ich mir im Portugiesischunterricht notiert. Fein. Bloß, was heißt das konkret?

Immer wieder mal höre oder lese ich von Menschen, die fünf oder sechs Sprachen fließend sprächen. Sollte es sie tatsächlich geben: Vor ihnen habe ich Respekt.

In dem Dorf, in das wir gezogen sind, leben fast nur noch Alte. Die meisten von ihnen können nicht schreiben, sehr viele auch nicht lesen. Aufrichtiges Erstaunen hat sich deshalb breit gemacht, als sich herausstellte, daß ich zwar nicht besonders gut Portugiesisch sprechen und vieles immer noch nicht verstehen kann, aber alles zu lesen und das meiste auf Anhieb richtig zu schreiben imstande bin. „Respeito". Zwei alte Leute unterhalten sich im Dorfladen in meiner Gegenwart darüber. Durch aufmunterndes Kopfnicken oder „não é", nicht wahr?, lassen sie sich zwischendurch immer wieder mal bestätigen, daß das, was erzählt wird, auch stimmt. „Die schreibt sich Wörter auf, die sie nicht versteht, und später liest sie im Wörterbuch nach, was sie bedeuten." – „Und wie sucht sie die Wörter dann?" – „Ganz einfach, nach dem Alphabet. Das ist in fast allen Sprachen ungefähr gleich. So ein Wörterbuch ist nämlich wie ein Telefonbuch, aber nicht für Telefonnummern, sondern für Wörter. Für alle."

Kinder, die hier im Dorf die Grundschule besuchen und sich mit dem Lernen leichttun, bekommen viel Anerkennung. Manche stellen ihr Können regelrecht zur Schau, indem sie beispielsweise beim Einkaufen mitrechnen. Und für alle ist es ein gutes Gefühl, nicht mehr so ohne weiteres übers Ohr gehauen werden zu können. Auch in dieser Beziehung sind meine Kinder genau so wie die anderen. Kaum in die dritte Klasse gekommen, findet jeder das Mitrechnen babyleicht. Daß die alten Leute sich oft so schwer mit irgendwelchen einfachen Rechnereien tun, wundert die Kinder. Mit der Erklärung, warum das so sein könnte, gebe ich mir viel Mühe.

Als ich zu Luisa, der Nachbarin, bei der wir immer unsere Eier holen, komme, erfahre ich, daß meine Erklärungsversuche nicht auf taube Ohren gestoßen sind. Lachend erzählt Luisa mir, wie eines der Kinder sie seinerseits aufgeklärt hat: „Als dein Sohn, weißt du, der, der jetzt in die zweite Klasse geht, neulich Eier geholt hat, hat er mir erzählt, daß er erst einen Schein zum Bezahlen mitnehmen wollte. Aber dann habe er sich daran erinnert, daß ich ja nicht so gut rechnen kann. Luisa zitiert: „Heutzutage gehen alle Kinder ganz selbstverständlich in die Schule, und da lernt man das Rechnen schon als Kind. Als du klein warst, da war das noch nicht so. Da waren die Familien groß und arm, und es gab viel Arbeit. Hier auf dem Land mußten alle mithelfen, ob sie wollten oder nicht, auch die Kinder und auch, wenn sie mal keine Lust hatten. Du hast alles gelernt, was man in der Landwirtschaft und im Haushalt wissen muß. Früher konnten manche Kinder auch deswegen nicht zur Schule, weil die zu weit weg war, auch wenn die Kinder wollten und die Eltern es erlaubt hätten. Daß viele alte Leute so wie du nicht gut rechnen können, liegt also nicht unbedingt daran, daß sie dumm sind, sondern daß sie das nie richtig gelernt haben." Deshalb zahlt ihr auch möglichst passend." Luisa hat den

Jungen noch gefragt, woher er denn wissen will, daß sie nicht doch dumm ist. „Weil du denken kannst", hat er gemeint, und Luisa resümiert: „Damit hat er tatsächlich recht. Denn wenn ich nicht denken würde, könnte ich auch nicht über solche Sachen nachdenken. Dann wäre ich wirklich dumm. Deinen Sohn finde ich witzig, und klug ist er auch. Und er hat Respekt." Ob Luisa dabei an die Geschichte denkt, die sie soeben erzählt hat? Wenn ja, was bedeutet das Wort „Respekt" in diesem Zusammenhang? So etwas wie „Ehrfurcht", „Verehrung" oder „Achtung" hat Luisa sicher nicht im Sinn. „Altklugheit", das nach meiner Einschätzung der Situation das treffendste Wort wäre, heißt „precocidade". Also frage ich doch nach. „Ganz einfach. Auch wenn dein Sohn ein Kind ist und nachspricht, was er hört, so ist er doch kein Kleinkind mehr. Er weiß, daß andere Leute es nicht so gut hatten wie er heute, und darauf nimmt er Rücksicht. Und das tut er auf seine Art, indem er mir mein Leben erklärt. Und das ist doch liebenswert. Oder etwa nicht?" – „Doch, das ist es."

Eukalyptus

In Portugal gibt es viel mehr Berge, Hügel und Wald, als ich mir vorgestellt hatte. Obwohl ich es längst besser wissen müßte, male ich mir den portugiesischen Sommer immer noch hitzeflimmernd, sirrend und gelbbraun aus, mit einigen silbergrünen Olivenbäumen zum Schattenspenden – flächendeckend.

Als ich diesmal im Norden über die Grenze fahre, bin ich besonders überrascht, das Land so grün zu finden. Es gibt Mischwald mit Eichen, Birken, Buchen, Ahorn, Linden, Kastanien, Ebereschen. Und Wasser – kleine Flüsse, Bäche, und Quellen – im Überfluß, mitunter wörtlich zu nehmen.

Später erfahre ich von in Portugal lebenden deutschen Bekannten, die manchmal dort hinfahren, wenn sie die Sehnsucht nach richtigem Wald packt, daß ich mich in einem Naturschutzgebiet befunden habe.

Mit dieser Art Landschaftsschönheit hat es jedoch nach wenigen Stunden fast schlagartig ein Ende. Zwar ist es nach wie vor bergig, aber Mischwald gibt es kaum noch. Allenthalben wachsen Wein, Pinien, Gestrüpp. Viele Gärten sehe ich – teilweise winzig klein – mit Stangenkohl, Kartoffeln, Mais, Bohnen. Und natürlich Eukalyptusplantagen, die auf den ersten Blick wie ein Wald wirken, allerdings ein unterholzloser. Eukalyptus – das ist mir ein Begriff von Kindheit an; ich verbinde damit knallgrün eingepackte, scharfe Gesundheitsbonbons. Von Zeit zu Zeit bekam ich welche geschenkt, und in der Hoffnung, inzwischen sei ich erwachsen genug, auch Scharfes zu mögen, probierte ich ab und zu auch eines aus. So erwachsen, daß sie mir schmecken, bin ich bis heute nicht geworden. Aber den Geruch finde ich angenehm. Immer noch.

Aus einem ziemlich verregneten deutschen Sommer kommend, sehne ich mich nach Sonne, Hitze, Trockenheit. Also fahre ich, von nur kurzen Schlafpausen unterbrochen, fast eine ganze Nacht und einen halben Tag durch, bis ich im Süden bin. Wie aus einem Traum erwacht, nehme ich die Landschaft wahr; Korkeichen, viele Oliven- und Affenbrotbäume gedeihen hier. Gestrüpp gibt es natürlich auch – und wieder Eukalyptus. Die Bäume sind teilweise riesig, manche haben richtig große Kronen. Bei den meisten hängt Rinde in langen Fetzen von Ästen und Stämmen; solche Eukalyptusbäume erinnern mich an Kamele in der Mauser. Stünden sie vereinzelt oder in kleinen Gruppen, ich fände sie schön. In Reih' und Glied gepflanzt, kommen sie mir dagegen wie eine Kampftruppe vor, die Wurzeln geschlagen hat. Was ist das nur für eine Pflanze, und warum gibt es die hier in diesen Mengen? Vielleicht deckt Portugal ja den gesamten europäischen oder gar Weltbedarf an Hustenbonbons und Brustsalbe. Selbst wenn dem so sein sollte: Daß es sich hierbei um dermaßen rohstoffintensive Industriezweige handelt, daß für die Gewinnung der Produktgrundstoffe quadratkilometerweise Platz in Anspruch genommen werden muß, kann ich nicht glauben. Ich lese nach. Portugal ist bekannt für den Export von Portwein und seine Fischverarbeitung. Im Norden und um Setúbal herum gibt es einiges an Industrie – von Gesundheitssalben und -bonbons ist keine Rede. Das hätte mich auch gewundert.

Eines Tages geht mein Auto kaputt. Das entsprechende Ersatzteil gibt es in der Hauptstadt. Der Werkstattbesitzer schlägt mir vor, zehn Tage zu warten, bis er von Lissabon zurückkommt, wohin er sowieso fahren will, um Autoersatzteile zu besorgen. Nach einigem Hin- und Herüberlegen entschließe ich mich dazu, mich selber darum zu kümmern. Erfahrungsgemäß ist es sicherer, sich selber auf den Weg zu machen, denn in Portugal dehnen sich zehn Tage mit Leichtigkeit auf das Doppelte oder Dreifache aus. Mit dem Bus oder der Bahn zu fahren, ist zwar billig, aber Leute lerne ich am besten beim Trampen kennen, und nach Leutekennenlernen ist mir momentan zumute. Also reise ich per Anhalter.

Ein LKW-Fahrer, der vierzehn Jahre lang in Ludwigshafen gearbeitet hat, mit einer Deutschen verheiratet ist und ausgezeichnet Deutsch spricht, nimmt mich mit, allerdings in seinem PKW. Er war auf Familienurlaub, und morgen früh geht es wieder rein in den Laster und ab nach Deutschland. Da fährt er alle zwei Wochen hin. Ich frage ihn, was er denn so alles transportiert. „Nach Deutschland? Immer nur Koalabärenfutter, für den Zoo." Futter für Bären? Für den, den er mir gerade aufbinden will vielleicht? „Nein, ich transportiere Eukalyptusblätter, jedesmal einen ganzen LKW mit Hänger voll." – „Ach, deswegen!" – „Was, deswegen?" – „Vielleicht gibt es deswegen hier so viele Eukalyptusbäume!" Zur Abwechslung fühlt sich nun offensichtlich Manuel, so heißt der Fahrer, seinerseits auf den Arm genommen. „Glauben Sie, Portugal ernährt sämtliche Koalabären auf der Welt? Bären gibt es nicht bei uns, aber ausgerechnet hier soll ihr Futter wachsen?! Das wäre was! Irgendwann werden dann vielleicht mal containerweise schottische Frösche nach Portugal gebracht. Während des Transports werden sie natürlich ununterbrochen berieselt. Denn portugiesische Störche fressen dann nur noch diese Sorte." – „So weit ist der Internationalismus also doch noch nicht gediehen?" – „Nein, wahrhaftig nicht. Stellen Sie sich vor, die Blätter, die ich fahre, stammen noch nicht mal von hier. Das sind australische Eukalyptusblätter, die kommen in Lissabon an, und ich transportiere sie weiter. Die Blätter von dem Eukalyptus, den es hier gibt, frißt kein Bär und auch sonst kein Tier. Ich glaube, die Pflanzen enthalten dafür zu viele ätherische Öle. Der Eukalyptus, der in Portugal wächst, dient der Papierherstellung. Es wurde extra eine Sorte gezüchtet, die nur eine kleine Krone hat. Es geht einzig und allein um die Erzeugung von Zellulose, die dann zu Papier weiterverarbeitet wird." – „Sie kennen sich aber gut aus." – „Ja. Sowas interessiert mich. Wenn man so viel alleine unterwegs ist wie ich, ist es gut, wenn man etwas im Kopf hat, worüber man nachdenken kann. Dazu muß man nun mal informiert sein." Und weiter erzählt er: „Eukalyptus, das ist ein Baum, der sich zur Trockenlegung von Sümpfen eignet und auch schon großflächig dafür eingesetzt wurde – allerdings nicht in Portugal. Wie sich denken läßt, herrschen hier für Sumpfpflanzen wie Eukalyptusbäume keine optimalen Bedingungen. Zwar gibt es in Portugal reichlich Wasser, aber der Wasserbedarf dieser Pflanzen übersteigt die vorhandenen Kapazitäten. Der Eukalyptus trocknet das Land aus.

Es gibt, was das Anpflanzen von Eukalyptus betrifft, jede Menge Bestimmungen und Gesetze. Zu Quellen, Bächen und so weiter ist ein gewisser Mindestabstand zu wahren. Wenn Berge eine bestimmte Steigung überschreiten, darf er nicht gepflanzt werden, und so weiter. Allerdings werden diese Gesetze laufend gebrochen. Ich frage mich auch, ob der Regierung sehr viel an der Einhaltung liegt." – „Wieso der Regierung? Was hat die damit zu tun?" – „Ganz einfach. Europa hat einen riesigen Papierbedarf. Portugal will in die EG. Portugal ist ein armes Land, nicht umsonst heißt es „das Armenhaus Europas". Das soll sich jetzt schleunigst ändern. Die Leute sollen hier auch kaufen können. In Portugal läßt sich noch einiges an Absatzmärkten erschließen. Vor fünfzehn oder zwanzig Jahren gab es in vielen Dörfern keinen Strom, heute gibt es kaum einen Weiler, der nicht ans Netz angeschlossen ist. Und die Entwicklung geht weiter. Elektrifizierung war der erste Schritt. Dann wurde das ganze Land mit Fernsehern eingedeckt. So wird Portugal nach und nach mit der großen weiten Welt verbunden. Wir sehen, wie es anderswo zugeht oder zuzugehen scheint, und plötzlich merken wir, was uns so alles fehlt. So wird der Markt vorbereitet. Was meinen Sie wohl, warum hier überall so gute Straßen gebaut werden?" – „Um für den Tourismus attraktiver zu werden möglicherweise." – „Das spielt vielleicht auch eine Rolle, aber hauptsächlich natürlich für Transporte. Das Land soll der ausländischen Industrie noch mehr Anreize bieten. Da sind schon mal die billigen Arbeitskräfte. Aber als Beitrag, um in die EG aufgenommen zu weden, reicht das einfach nicht aus. Der Export von Olivenöl, Apfelsinen oder Kork gibt auch nicht genug her. Da bietet sich Papier an. Je mehr Eukalyptus, umso mehr Papier. Je mehr Papier, umso einfacher der EG-Beitritt. Das ist Politik, und die macht bekanntlich die Regierung – mit der Wirtschaft im Hintergrund, wohlgemerkt." – „Wozu werden dann überhaupt die Gesetze und Bestimmungen erlassen?" – „Als Alibi. Ich denke, diese Umweltauflagen werden gemacht, weil sowas mehr und mehr zur Pflicht wird, auch europamäßig gesehen. Außer den Umweltbehörden selber und ein paar Naturfreunden, von denen es in Portugal allerdings nicht sehr viele gibt, hat hier jedoch niemand großes Interesse daran, daß die eingehalten werden." – „Und wie sehen Sie das?" Manuel lacht. „Ich glaube, mir wäre das auch egal, aber meine Familie gehört zu den wenigen, die vom Eukalyptus schon jetzt mehr Schaden als Nutzen hatte. Meine Eltern hatten bis vor kurzem eine Landwirtschaft in der Serra de Monchique. Bis vor einigen Jahren hat es da auch im Sommer immer wieder mal geregnet. Wir hatten alles: Tomaten, Paprika, Melonen, Mais, Bohnen, Kichererbsen, Erdnüsse. Es gab immer genügend Wasser. Sogar im Juli und August mußten wir nur wenig bewässern. Seitdem in der Region im großen Stil Eukalyptus angepflanzt wird, regnet es im Sommer so gut wie gar nicht mehr. Ich hätte nie gedacht, daß so etwas möglich ist, aber der Eukalyptus hat das ganze Klima verändert. Nicht nur, daß es weniger regnet, was ja auch ein Zufall sein könnte, auch der Grundwasserspiegel sinkt. Erst haben meine Eltern dann einen Brunnen bohren lassen und das Land noch künstlich bewässert; aber als der Brunnen im Sommer versiegte und die Alternative war, entweder noch tiefer zu bohren oder aufzugeben, haben sie aufgegeben." – „Gab es eine Entschädigung?" – „Nein. Meine Eltern hätten ja stattdessen auch Eukalyptus anpflanzen können. Sie haben da ganz gute Angebote gekriegt. Das wollten sie aber nicht. Sie haben einen kleinen Teil des Landes als Garten behalten, und auf dem größeren lassen sie Schafe und Ziegen weiden. Sie haben sich lieber eine andere Arbeit gesucht. Mein Vater bekommt eine kleine Rente und hilft bei der Post aus, meine Mutter arbeitet im Restaurant ihres Bruders in der Küche mit."

Seitdem ich das alles weiß, sind mir Eukalyptusbäume noch unsympathischer als zuvor, auch wenn ich weiß, daß es unsinnig ist, sich Bäume als Feinde aufzubauen.

Auf die Spitze treibe ich es, als ich eines Abends in der Dämmerung spazierengehe, überall die bläulichgrünen wie mit einer weißen Schutzschicht überzogenen Blätter der jungen Eukalyptusbäume sehe und mich vom Grauen packen lasse. Als ein Karnickel direkt vor mir über den Weg saust, steigert sich das Grauen zur Panik.

Wie in einem Science-Fection-Film fühle ich mich.

Am nächsten Tag gehe ich denselben Weg noch einmal. Der Eukalyptus duftet; seine Blätter rascheln. Nichts ist mehr unheimlich. Dicke Steine, Lehm, Brombeerranken und ein wenig Gestrüpp zwischen den Stämmen vertrostlosen die Landschaft zwar; dennoch: all das ist von dieser Welt.

Ein paar wilden Hunden begegne ich. Als ich mich bücke, nehmen sie sofort Reißaus. Diese Geste – Steinewerfen – kennen sie.

Es dauert einige Monate, bis ich den Platz gefunden habe, an dem ich für eine Weile bleiben will. Auch hier wächst Eukalyptus.

Ich bekomme mit, wie von Monat zu Monat mehr Fläche mit riesigen Kettenfahrzeugen bearbeitet, terrassiert und dann mit Eukalyptus bepflanzt wird.

Als die Leute im Dorf und ich uns etwas besser kennen, es mit der Verständigung mehr als nur notdürftig klappt und wir uns richtig unterhalten können, kommt natürlich auch das Eukalyptusthema zur Sprache. Oft denke ich dabei an Manuel, an all das, was er mir darüber erzählt hat. Nachdem ich zweimal Informationen, die er mir gegeben hat, ins Gespräch eingebracht habe, werde ich gefragt, ob ich Kommunistin sei. Ich verneine, und in der Annahme, das werde meiner Glaubhaftigkeit Nachdruck verleihen, erzähle ich, daß ich fast alles, was ich über Eukalyptus weiß, von einem Portugiesen im Süden erfahren habe. „Ja, im Süden! Da sind fast alle Kommunisten. Wir hier nicht. Wir sind katholisch. Im Süden wurden während der Revolution [1975] diese ganzen Kooperativen aufgebaut. Manche haben erst da richtig angefangen zu hungern. Aber bis die gemerkt haben, daß sie mit diesen ganzen kommunistischen

Ideen nicht weiterkommen, das hat gedauert! Einige glauben da jetzt noch dran. Der Knabe, von dem du dir hast was erzählen lassen, scheint einer von denen zu sein. Wir hier sind ganz anders. Unter Salazar gelitten hat jeder. Der Faschismus war für keinen gut, bloß für die ganz Reichen. Wir haben immer von unserem Land und von unserer Arbeit gelebt, nicht mehr, nicht weniger. Daran hat sich bis heute nichts geändert.

Das Leben ist teuer. Wir können nicht mehr so viel arbeiten wie früher, als wir noch jünger waren. Wir müssen zum Arzt. Unsere Kinder sind fortgezogen. Sie können uns nicht versorgen. Wir verpachten unser Land an die Papierfabrik, weil wir leben müssen. Wir kennen die Bestimmungen und wissen, wer dagegen verstößt. So gut wie jeder. Eukalyptus ist schnelles Geld. Du mußt einmal pflanzen, einmal düngen oder auch nicht. Nach ein paar Jahren erntest du und verdienst. Wir wissen, daß wir uns, unseren Kindern und mehr noch unseren Enkeln schaden, daß das Land nach der dritten und letzten Eukalyptusernte wahrscheinlich nicht mehr viel hergeben wird. Was sollen wir tun? Weißt du das vielleicht? Zahlst du meine Medikamente? Deine Ideen sind gut. Vielleicht hast du Recht. Aber der Fortschritt hat seinen Preis, bei uns in Portugal wie bei euch in Deutschland. Der wichtigste Unterschied ist der, daß ihr schon weiter seid. Irgendwann wird es ans Bezahlen gehen, hier wie dort. Nur wer zuviel gegessen hat, kann über Bauchweh klagen. Du weißt vielleicht schon, wie sich so ein überfüllter Magen anfühlt, aber wir wollen uns erstmal überfressen."

Als ein paar der schönen alten Kastanienbalken in meinem Haus durchgemorscht sind, werden sie ausgewechselt – gegen Eukalyptusbalken. Eukalyptus ist als Bauholz sehr geeignet. Naß werden darf es allerdings nicht.